定价定天下

撬动八倍利润的杠杆

李践——著

中华工商联合出版社

图书在版编目（CIP）数据

定价定天下 / 李践著 . -- 北京 : 中华工商联合出版社 , 2018.11

ISBN 978-7-5158-2426-0

Ⅰ . ①定… Ⅱ . ①李… Ⅲ . ①企业定价—研究
Ⅳ . ① F274

中国版本图书馆 CIP 数据核字（2018）第 228318 号

定价定天下

作　　者: 李　践
责任编辑: 吴建新
封面设计: 水玉银文化
责任审读: 郭敬梅
责任印制: 迈致红
出版发行: 中华工商联合出版社有限责任公司
印　　刷: 北京市毅峰迅捷印刷有限公司
版　　次: 2019 年 4 月第 1 版
印　　次: 2019 年 4 月第 1 次印刷
开　　本: 880mm × 1230 mm 1/32
字　　数: 100 千字
印　　张: 6.75
书　　号: ISBN 978-7-5158-2426-0
定　　价: 45.00 元

服务热线: 010-58301130
团购热线: 010-58302813
地址邮编: 北京市西城区西环广场 A 座
19-20 层，100044
Http: //www.chgslcbs.cn
E-mail: cicap1202@sina.com（营销中心）
E-mail: y9001@163.com（第七编辑室）

再版自序

2008年，金融风暴蔓延席卷至全球各行各业，许多企业陷入经营困境，在这个背景下，我们写作了《定价定天下》《高绩效人士的五项管理》《砍掉成本》《要么品质要么死》《摇钱树》等系列企业管理工具书，希望能够帮助企业家们安然度过“经济寒冬”，努力实现利润倍增。

10年后的今天，时空剧变，奇点临近。商业世界正在以前所未有的速度发展、变化，乃至被重新定义。创新与坚守、转型与取舍、“互联网+”与传统产业，这一组组看似互补又有些充满悖论感的对比，乃是今日企业管理面临的新常态，更说明了身处变革的十字路口，我们的企业发展面临形势之严峻。

经济总量急速上升与用户需求急剧收缩的矛盾

随着工业化大生产的推进，生产效率得到大幅提升，人类平均在 10 秒钟内生产一辆汽车，人类社会的物质生产实现了从未有过的繁荣。与此同时，物质匮乏所激发出的人性的贪婪正在消失，人们对物质的渴望早已不像过去那么强烈。购物使人幸福的时代已经结束，"断舍离"的生活理念在一二线城市日渐风行。

中国民营企业时刻面临着经济全球化的竞争与挑战

当今的中国，外企早已深入每一个行业角落，整个世界的竞技场已被拉平，每一个企业都必须直面来自全球的竞争。比如，哪怕微小如巴比馒头这样的早餐店，也必须日日面临着来自肯德基、麦当劳的竞争。

大变动中蕴含着永恒之常道，终极真理背后涌动着变化与新生。面对这样的经济形势和竞争环境，我们对企业家们有以下建议：

第一，回到原点，回到路径

一定要透过表面看本质。本质是什么？就是事物发展的根本规律，回到事物发展最核心的第一性原理。有些企业发展的路径是无法省略的，并没有捷径可走，这就要求企业重新复盘，回到原点，以终为始，找到企业发展的初心，回到发展路径中，反思自己所遇到的障碍和问题，找寻自己的优势与欠缺之处。对于已走的捷径，必须及时把课补上，否则迟早会因此付出代价。

第二，重新定义，系统思维

企业要健康发展，必须是一个完整的生命体，要做到耳聪目明、思维敏捷。企业像人体一样，只有手的力量不行，只有两只脚也不行！在用户管理、人才管理、成本管理、产品管理等核心环节和关键部位必须做到绝对“健康”，不能“生病”。这就要求我们必须要有系统性思维，不能头疼医头、脚痛医脚。

第三，从偶然到必然，回到第一因

当我们遇到失败、挫折、障碍，以及意料之外的事情，我们都认为那是偶然的，比如遇到一个客户投诉，是偶然的；订单被退回来了，也是偶然的……这是错误的，在企业家的世界里，没有偶然思维，只有必然思维，偶然性里面包含着必然的结果。必须回到第一因，抓到事物的根本，找到偶然性中的必然因素，才能从根本上解决问题。

企业管理万变不离其宗，开源和节流是企业永远面临的两个问题，需要双管齐下，同时进行，并形成一套环环相扣的生态系统，所有的劳动要素和资源要集合在一起进行全盘思考，而不能单独考量、顾此失彼。我们必须抱定初心，死磕产品、死磕效能、死磕用户、死磕成本、死磕营销，尽锐出战，久久为功，才能在日益激烈的竞争中寻得一丝先机。

经过这 10 年的沉淀，我将自己近 30 年的管理经验与大家再次分享，同时对书中的企业管理方法进行了全新的升级。我把这些方法运用在我的工作和企业日常管理当中，我们的利润在倍增，我们的生命力、公司的竞争力在持续地不断提升。这一切，都得益于书中所提到的管理精神。

我们争取用战士的语言讲述战斗，用极简的图文表达管理。

因为我相信：大道至简，行胜于言！

李 践

2018 年 6 月于行动教育上海校园

目 录 CONTENTS

第二部分　实践篇 / 075

这是一套系统的定价工具，即四定法则、八大定价策略和六步定价法，是我在总结、优化了定价步骤，综合了市场上流行的各种定价方法和多年以来的经验基础上创建的，专门针对中小企业，力求立竿见影、招招见效，向你提供最简单实用的定价方法。

第一部分

理论篇

定价定生死，定价定天下！定价当中暗藏着多少玄机？你生产的产品、提供的服务，如何才能确定一个完美的价格？下面我会一招一式教你，如何确定一个合理的定价。

定价定天下

在《砍掉成本》一书中我们强调，成本是“魔鬼”，是利润的大敌，只有将“魔鬼”一一杀死，利润的“天使”才会出现。我相信，许多企业家通过阅读《砍掉成本》，学会了运用十二把砍刀，找到了利润“天使”，达到了利润倍增的效果！

然而，企业增加利润的方法，并非只有砍掉成本一种，还有一种和成本砍刀同样厉害的武器，它看似简单却又暗藏玄机，看似很小却又决定全局，看似直观却又内容丰富，这就是定价。当我们在成本上已经使尽浑身解数的时候，我们应该进行另一项修炼——定价。

利润 = 单价 × 销量 − 成本

要提高利润，我们能做的，一是扩大销量，二是降低成本，第三就是确定一个最优的单价。只有这三种武器，别无选择！三种武器都掌握的企业家，才是真正优秀的企业家。

- ✓ 扩大销量——会受到整体市场环境的制约，在如今贸易保护主义抬头的情况下，这变得尤为困难。
- ✓ 砍掉成本——砍掉成本的方法运用总是有限的，毕竟成本是客观存在的，我们不能将成本砍到零。
- ✓ 合理定价——这是给企业家最大自主权的一种武器，只要符合法规要求，只要市场接受，只要产品的价值得到认可，价格可以随着你的想象和胆量一起飞！在消费者追求个性化消费的今天，需要我们发挥创造性，充分使用定价工具，为企业找到新的利润源。

第一章　失价失全局，定价定天下

在现实中，定价虽然就是确定一个数字，但管理者们最大的失误却莫过于定价不准！要么定价过低，利润白白流失，要么定价过高，货次价高没有人愿意买！

定价过低，是等死；定价过高，是找死！没有科学的定价武器，管理者对价格的决定，最后就沦为一种赌博。定价为何如此关键？

✓ 定价是企业的产品向货币转化的关键环节。企业即使有了明确远大的目标、光荣崇高的使命、长远可行的战略，部门之间也拥有良好的沟通协作，并竭尽所能砍掉成本，打开通向市场的各个渠道，如果价格不能担当起将产品转化为货币的重任，以上一切都是徒劳。

✓ 定价是最大的利润杠杆。一个看似微小的价格变化，就能带来企业利润的大幅波动，正确的价格定位对利润的影响比其他任何因素都大。

✓ 定价意味着你已经亮剑。价格确定，就定了你的战略、你的目标客户、你的产品定位，也定了你的整个竞争环境。

定价定生死，定价定天下！定价当中暗藏着多少玄机？你生产的产品、提供的服务，如何才能确定一个完美的价格？下面我会一招一式教你，如何确定一个合理的定价。

第一节
价格是利润的指挥棒

定价的无限力量

给我一个支点，我就能撬动地球！阿基米德的豪言壮语充分说明了杠杆的作用，那种无限放大的力量一直都令人激动！在管理上，有没有什么东西像杠杆一样具有放大魔力呢？那就是价格。

美国一份针对2483家企业的调研分析显示，当这些企业的产品价格上涨1%，利润会上涨11.1%，而销量上涨1%，利润仅仅上涨3.3%。而我们中国对1000家企业的统计调查则显示，产品价格上涨1%，利润上涨8%；产品销量上涨1%，利润仅上涨1.5%。下图是沃顿大学商学院对几个知名品牌的价格与利润之间关系的分析。

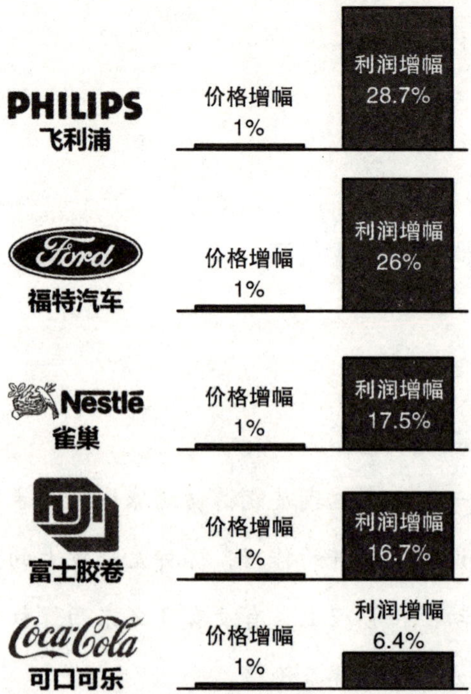

图 1－1　沃顿商学院对品牌的价格分析

定价是最能充分体现杠杆作用的一种管理工具。任何一个企业，只要有产品、有交易，就必须定价，定价这个动作看似简单，但产生的效果却迥然不同。我同样可以充满豪情地说："给我一个恰当的定价，我就能让产品畅销天下！"

长期以来，受传统营销学 4P 理论的影响，不少企业家都认为销量对于企业收入的影响是最大的。在 4P 理论里面，渠道和推广其实都是在通过各种办法增加销量，这就使得不少人认为销量决定胜负。

然而，事实证明这种观点是不符合逻辑的。假如我们通过自身的努力，将企业的经营公式做成了 10−9＝1，也就是有 10%的利润率。现在，企业想要继续增长，更多的是挖空心思去追求销量，但是增加销量给你创造的利润和定价相对比，根本无法相提并论。

原因就在于，增加销量的方法只有一个。比如，在行动教育集团，我们要想增加销量，就只能再增加一倍数量的分校。2017 年，我们在全国的分校是 32 家，为了增加销量，集团便决定再增加 32 家分校，扩大了一倍的量。

然而，这样做谈何容易，因为增加分校绝不仅仅是一个销量和收入增加的问题，同时也意味着成本增加，管理流程更加复杂、师资来源的难度加大……综合下来，即便我们能够实现利润翻倍，但那实在太耗费时间和精力了。

问题的关键是，如果我们想要增加企业的收入，究竟是提高销量便利，还是提高定价更容易？换句话说，在销量和价格之间，哪个要素对企业收入来说更加重要？

如果我们换一种思路，事情就变得容易多了。大家可以再仔细研究一下企业的经营公式：收入-成本=利润，其中，收入=销量×价格。如果我们想要在2018年实现利润翻番，完全可以通过提高价格的方式轻松实现。

比如，去年的企业经营公式是10-9=1，现在我们把价格往上调整10%，销量保持不变，这就意味着收入从10变成了11，同时成本也没有变动，依然是9，那么此时企业的经营公式就成了：11-9=2，利润就从去年的1变成了2，翻了一番。更重要的是，与增加销量相比，调整价格的做法并不需要那么复杂、繁琐的流程，问题一下就变得轻松容易起来。

为什么小小的价格增幅，能有如此大的效果？这其中的秘密就是：与扩大销量不同，价格变化没有影响到成本，而是直接追加到利润上去。

1. 价格下降 10%，销量必须翻番

宝洁的失利

2005 年，宝洁公司在印度市场上做了一次降价，他们在印度市场推出的洗发水降价 8%左右，他们希望通过价格的下调来提高市场占有率。结果三个月来，宝洁公司利润持续大幅下降，到第五个月的时候，这个项目的总负责人被撤职。宝洁的研究资料表明，用一年的时间都无法挽回这次降价的损失。

我们在使用价格杠杆的时候，一定要慎重！先说降价，降价的目的是什么？为了多销，为了增加更多的利润。可是，增加多少销量才能弥补降价带来的损失呢？也许有很多企业家没考虑过这个问题。我现在帮你计算出来：

降价前，假设价格为 10，成本为 8，则利润等于 2，毛利润率 20%；

降价 10%以后，价格降低为 9，成本仍然为 8，则利润为 1，毛利润率仅为 10%；销售差额 = 20% ÷

10% = 2。

$$销售差额 = \frac{原毛利率}{新毛利率}$$

所以，你只有销量翻番，利润才会和降价前相同。这是数据，是事实，不是形容词。到这个时候我们就都明白了：价格下降给我们带来的破坏有多大，基本上可以得出一个结论——无法挽回。

再回到宝洁的故事，他们也是期望从提高市场占有率来获取利润，但是要翻番谈何容易。大公司尚且如此，我们又有多少胜算呢？

然而在现实中，很多企业家却往往看不到这一点。为了增加收入，他们不仅耗时费力地去增加销量，而且他们还会去大打价格战，这不仅无法提高收入，反而导致损失扩大。所以说，在销量和价格两者之中，真正重要的是价格。销量顶多可以决定我们的销售规模大小，但价格却是我们的王牌，是企业实现增长的有力杠杆。一言以蔽之：定价定天下！

这句话说起来容易，做起来却很难，因为在现实中，不知道有多少企业家由于不明白这个道理而输得一塌糊涂。一旦定价失误，他们的企业就会遭遇灭顶之灾，这绝对不是危言耸听。因此，我们也常常说，定价其实就是定生死。

2. 你是一个“降价老总”吗？

“降价老总”是怎样“炼”成的

有一个非常敬业的老总，每天很早就到办公室，经常倾听下属的汇报。

第一天，他听到部门负责人 A 说：“老板，我们的竞争对手降价了！”于是他开始担忧自己产品的竞争力。

第二天，部门负责人 B 说：“老板，客户说我们的价格太贵了！”他接着开始担忧订单。

第三天，他的客户 X 公司的 C 总打来电话，和他寒暄几句之后开始步入正题，试探性地向他提出降价要求。他再也忍不住，决定对 X 公司降价 10%。

之后的几天，其他老客户得到消息，他对 X 公司降价了，于是也纷纷要求降价，他征求了 A 和 B 的意见，他们都同意降价，也只能顺从。

任何企业都不希望自己的产品降价，然而往往事与愿违，降价反而成了很多企业管理者经常做和不得不做的事情。

调查表明，公司老总常常是依据少数销售人员或产品管理人员的不确凿资料和信息来定价的。作为企业的管理者，你的定价权把握住了吗？

我们周围一天到晚都在充斥着降价的声音。公司销售最害怕涨价，客户也希望降价，不管我们卖得好还是坏，我们产品价值如何，客户总是希望我们降价。

然而，我们的老总在考虑降价的瞬间，思考过损失会有多惨重吗？

2003年，我开始出任汤姆户外传媒集团的总经理。刚刚上任，分公司就开始吵着要降价，理由是竞争对手在降价，而且用户也觉得我们定价太高。无奈之下，我也有了降价的心理准备，而且有意大幅度降价。这时候，集团在香港召开会议，于是我就当着集团一位董事长的面提出了降价的构思和具体的数额。这位董事长边听边在计算器上一直按，按完就直接递给我看：计算器上是一个负的 1.5 亿。

看我还没明白过来，董事长就对我说："如果按照你刚才说的数额去降价的话，这就是我们将亏损的金额！"

你看，这就是在我身上真实发生的故事，如果这位董事长不算，我真的不知道即将面临如此巨大的损失！因此，如果你的降价决定是草率做出的，可能只因为一个电话，只凭一个感觉，你说好，我们就降价吧！很慷慨，也很轻松。可是降价 10%就意味着利润即将流失 50%，你说的这句话，也就预示着你的利润即将离你而去，麻烦也将接踵而至！

第二节
定价即亮剑

“降价老总”的通病是对定价的重要性和复杂性认识不够。定价虽然是确定一个数字，可定价背后的学问、定价背后的玄机，我们必须掌握。

所谓定价，是对产品或服务所提供的价值进行评估，并确定价格。从定义上，我们也可以看出来，“定价”不是简单的确定价格，不是给商品标上一个你想要的数字符号，确定你想卖的价格，而是如何评估你的商品价值，如何让客户接受你的商品价值！

定价关系到公司的战略，关系到你针对什么样的客户群，关系到你的竞争环境，还关系到产品的差异化。

在定价的时候，你已经将公司战略、客户群、竞争环境、产品差异化四大关键元素融入进去。你的竞争对手、你的顾客，只要看到你的产品定价，马上就知道了你的战略、客户、竞争力和产品品质，他们马上就会做出相应的反馈。

其实，你只要一定价，就相当于你已经亮剑。你只要一定价，我就能看出来，你亮剑的时候是气势如虹，还是畏畏缩缩；你只要一定价，我就能立即察觉到，你亮出的剑是锋利的，还是驽钝的，以及是否具有杀伤力。

定价早知道

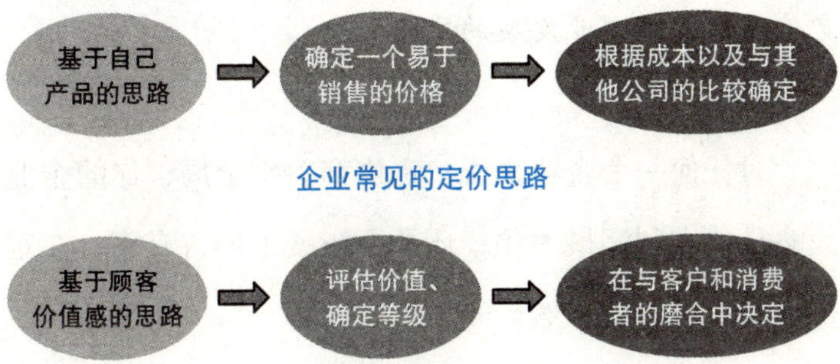

真正意义上的定价思路

图1－2　企业常见的定价思路和真正意义上的定价思路

1. 定价定战略

以一件定价 5000 元衬衣为例。为什么这件衬衣的定价是 5000 元，而不是 500 元？答案看起来会有很多：品牌价值高、产品品质好、售后服务一流、满足用户需求，等等。

但是，这些答案没有一个说中重点。事实的真相简单到让我们吃惊，这件衬衣之所以定价 5000 元，只是取决于这家企业的定价战略而已。根据战略定位，企业既可以将衬衣的价格定为 5000 元，同样也可以定为 99 元，再根据不同价位开发不同的产品，所以我们才说从定价就能看出企业发展的战略。

对任何一个企业来说，定价都关乎全局，你的企业战略是追求利润最大化，还是要拓展市场占有率，在定价上就可以一目了然。

✓ 定价即亮剑，任何产品只要一公布定价，就能知道你的战略。

例如，对于一支再普通不过的钢笔来说，我们可以把钢笔价格定为1000元、500元或100元。定价一出，结果就出来了——你针对的目标消费群体是谁，锁定高端还是低端，是追求利润最大化，还是追求市场占有率。

从定价上我们马上可以看出，定价1000元的钢笔企业，战略重点在提高产品品质和服务，抓住高端客户，争取更高的利润。而定价100元的钢笔企业，战略重点在占领市场，吸引更多的购买者。

✓ 任何产品只要一定价，也决定了企业整个管理资源的匹配度。

生产高价格的钢笔，企业将匹配更多的资源：最先进的生产设备、最优质的原材料、技术最高的制笔师、最精锐的推广销售团队、更多的宣传推广经费、更多的研发投入经费；低价格的钢笔则反之。因此，定价最能反映企业的战略侧重点。

当然，1000元的钢笔和100元的钢笔，产品本身也不一样，不能把相同的钢笔想定 1000 元就定 1000 元，想定 100 元就定 100 元，这是价格欺诈。

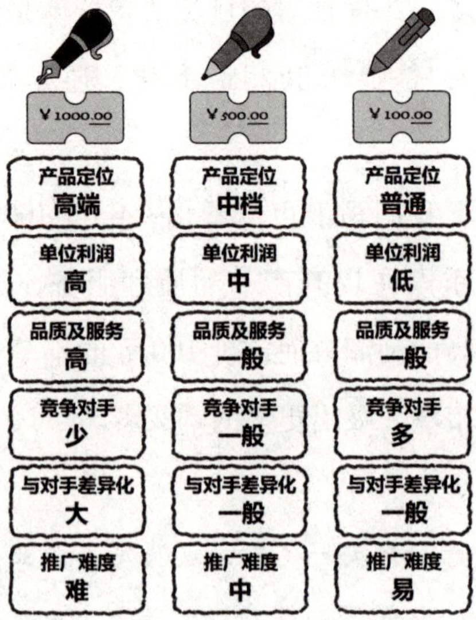

图 1-3　不同价格钢笔的差异

2. 定价定利润

企业的利润来自于哪里？从企业经营公式来看：

利润 = 收入 - 成本

从公式中可以得出一个简单的结论，企业利润是增加收入的同时减少成本带来的。

在现实经营中，很多企业都会想尽办法提升收入，同时也挖空心思砍掉成本，但是这真的可行吗？答案是否定的。我们已经知道，仅有少数行业龙头企业可以在保证品质的前提下降低成本，进而争取到大量有价值的用户，从而提升收入。对于大量中小型民营企业来说，想要同时降低成本和提升收入，基本是不切实际的。从财务管理上来说，收入与成本是一一对应、相互匹配的关系，收入增加，成本也会同时高企。

在这个大前提之下，利润就更与定价息息相关了。道理很简单，既然利润的增加来自于增加收入的同时降低成本，如果成本难以降下来，此时唯一的办法就是通过价格设计来提升收入。因此，无论是价格还是最终的利润，其实都是设计出来的，定价恰恰意味着企业在进行利润结构设计。

3. 定价定客户

奔驰是富裕家庭的车

很多年前，丰田公司发现，世界上许多人都想买奔驰汽车，但由于价格太高而无法实现。于是，丰田公司放手开发出雷克萨斯。丰田在美国宣传雷克萨斯时，将其图片和奔驰汽车并列，声称用36000美元就可以买到价值73000美元的汽车，这在历史上是第一次。

经销商列出潜在的顾客名单，并送给他们精美的礼盒，里面装着展示雷克萨斯性能的录像带。录像带中有这样一段内容：分别将一杯水放在奔驰和雷克萨斯的发动机盖上，当汽车发动时，奔驰车上的水晃动起来，而雷克萨斯车上的水却没有动，说明雷克萨斯发动机运行时更平稳。

面对这一突如其来的挑战，奔驰不得不重新考虑定价，但出人意料的是，奔驰并没有降价，而是提高了自己的价格。对此，奔驰的解释只有一句话：奔驰是富裕家庭的车，和雷克萨斯不在同一档次。

奔驰公司认为，如果降价就等于承认自己定价过高，丧失固有的高端客户。虽然一时可以争取到一定的市场份额，但失去了客户忠诚度；如果保持价格不变，销售额也会不断下降。只有提价，并增加更多的保证和服务，例如将免费维修时间延长到六年，才可以巩固奔驰原有的地位。就这样，奔驰不是跟随和盲从，而是以超常思维和手段，化被动为主动，摆脱了来自雷克萨斯的挑战。

一个成功的定价，首先取决于我们的目标客户群，取决于我们的产品价值能不能符合客户的需求。价格反映出我们锁定的是高端、中端，还是低端，这是客户定位的最重要体现。如果锁定高端客户，那就坚决不能随着竞争对手轻易定低价，如果锁定低端客户，当然更不能定高价了。

4. 定价定产品

定价其实也决定了你的产品，一旦价格定了，你的产品质量、差异性和品位也马上就反映出来了。

生产 1000 元的钢笔，意味着你的产品定位是高品质和优质服务，投入的成本也是高昂的，会选择好材料，最好有科技含量、有特殊功能，服务人员都要挑选高素质高水平的。相反你做 100 元的钢笔，自然会节约成本。不同的产品价格，决定了你的资源匹配度是完全不一样的。

- ✓ 价格反映产品质量。定价高，映射出优质的产品和服务，低价的产品，映射一般的产品和服务。
- ✓ 价格传递了产品的差异性。一个成功的定价，取决于产品的差异化，产品没有差异化，就无法定高价，无法获得超额利润。
- ✓ 价格体现了产品的尊贵性。定价高的产品是尊贵与奢侈的代名词，低价的产品，则是普通与“大路货”的象征。

5. 定价定竞争

市场上很难有一种产品，它的生产厂家是独一无二的、没有竞争对手的，包括这个产品的替代品，也都在对它构成威胁。可以说，价格是产品在市场中竞争地位的最直观反映。

还是用上文的钢笔来举例，如果你是做 1000 元钢笔的企业，你将要面对的竞争对手可能是万宝龙、派克等国际品牌，那么你的优势在哪里？你准备用什么方式获取市场份额？如果你是做100元钢笔的企业，你的竞争对手可能就是市场上众多的普通品牌，同样你的优势在哪里？如何脱颖而出并获取利润？方法和措施是完全不一样的。

- ✓ 定价决定了产品的价位等级。市场上的同一种产品，往往会被分为低、中、高三种价位，同一个价位等级上的产品，竞争最为激烈。
- ✓ 定价决定了你有哪些竞争对手。在你确定价位等级时，你会清晰地找到有哪些竞争对手，认清自己在这些竞争对手当中有多强。
- ✓ 定价带来竞争环境的改变。你的价格横空出世，竞争对手马上会有反应，盘算是不是针对他，是不是在和他的产品抢市场，并且竞争对手马上会考虑要不要对产品进行更新换代，要不要降价和你展开竞争。

6. 定价形成看不见的气场

世界上很多事物都有气场，有浩然正气，有腾腾杀气，有洋洋喜气，等等。有时气场可以影响周围的一切，改变周围的一切。

定价也有一个看不见的气场。在市场营销理论上有一个 4P 法则：产品（Product）、渠道（Place）、定价（Price）、推广（Promotion）。这 4P 当中，三个“P”都是围绕定价的。

不得不说，经典营销学的理论是有其深刻洞见的。倘若我们只懂得 4P 中的产品或者价格，而不知道如何运用渠道和推广的力量，基本不太可能成功。原因在于，做产品就像打牌一样，即便我们拿到了好牌，而一旦价格定错了，我们很快就会输得很惨，因为价格是王牌，定价定生死。

即便我们通过产品聚焦做出了爆品，也有了科学合理的定价，如果离开了渠道和推广，就好像我们拿到了头牌和王牌，那也只能是深藏于陋巷中的美酒，而商业世界都相信这样一句话：酒香也怕巷子深！

如何才能让美酒四处飘香呢？按照经典的营销学理论，答案就是其余的两个“P”：渠道和推广。我们将渠道比喻成“陆军”，推广则被比喻成“空军”，所以渠道加推广就如同“空军”和“陆军”结合，属于立体式作战。所谓武打天下文治国，一家企业要想成功，就一定离不开“陆军”和“空军”协同作战。只有这样，当我们有了好的产品，定价也科学合理，企业发展才会离成功更近一步。

基本上，依靠传统4P理论来打天下的企业，都会经历一个很长时间的成长过程。因为即便我们有了好产品，要通过渠道、推广去建立我们的口碑和实现用户终身价值，这绝对不是一蹴而就的。这一点，对于那些主要依靠加盟商来扩展渠道、进行推广的企业来说，更是如此。

通过加盟方式建立的“陆军”是所有渠道之中执行力、忠诚度、稳定性、品质标准最难有保证的。它们最大的特征就是发展容易，下滑也很快，甚至经常出现断崖式“死亡”。正是由于这个原因，真正的世界级公司从来都不依靠外来的“雇佣军”，而是培养和训练自己的“正规军”，因为后者才能做到使命必达、勇担责任、誓死捍卫企业利益。

不过，对于我们广大中小型民营企业来说，也不一定要排斥“雇佣军”，完全可以根据自身情况决定他们与“正规军”之间的数量比例。但是有一点尤其需要注意，如果一家企业有很好的产品，而作为渠道的“陆军”却全是“雇佣军”，将会很容易受到外界的质疑。进入资本市场的时候，这家企业的估值也是要打折扣的。道理很简单，人们会担心它的渠道会不会在哪一天突然倒戈或者撤退，存在生命力是否持久的问题。

不管你的“空军”和“陆军”做得多好，最终都要反映在价格上。不管你用何种手段推广，都要回到价格上；不管你的产品是什么，最后都要体现在定价上。你的定价水平有多强，气场就有多强！也就是说，价格是 4P 原则的最终体现。消费者不会考虑你的产品研发过程，不会考虑你的渠道、物流、仓储等因素，也不会关心你广告做了多少，他们首先考虑的是价格。

定价体现了你的竞争力。如果你是市场领导品牌，你会降价吗？除非你是一种战略思维，比如说追求规模、低成本抢占市场份额，除此以外，你为什么要降价？而如果你没有竞争力，就只好降价，产品没有差异性，不能给客户塑造价值，没有名气，就只能通过低价才能找到买主。

商场上有两种愚蠢的行为，一是定价过低，让利润白白流失，或者降价“自杀”，倾家荡产。还有一个是定价过高，不过定价过高还不算太笨，还有打折的机会，来得及弥补。最笨的是定价过低，定低了再涨，那根本不可能。

在商场上，有一句名言：懂得定价的人，才是真正的商人。定价失误往往是重大失误，因为定价没有小事情，失价失全局，定价定天下。

7. 定价是“牛魔王”

如果说从企业的战略设计开始，经过产品聚焦、人才复制、用户经营、预算管理、绩效激励等一系列环节，我们经营管理的最终效果要有所体现的话，那就会体现和落实在定价上。

换句话说，如果不是为了拥有更具优势的定价权，我们为何要去做战略设计？又凭什么深度聚焦尖刀产品，锁定高端的大鲸鱼用户，设计科学的绩效机制？我们这一系列动作，实际上都是为了能够在定价时更有话语权。

正是从这个意义出发，我们才将定价比喻成“牛魔王”，它是所有工作中最关键的重点——“牛鼻子”的“王”，是当之无愧的“牛魔王”。企业正是依靠这个“牛魔王”，才能一招鲜吃遍天！

第二章　定价的六大失误

定价失误是企业的致命伤，这给那些抢先使用定价武器的对手企业，那些拥有先进定价工具的优势企业，亮出了自己的弱点、自己的死穴！

定价是如此重要，可是有的企业却常常放弃使用定价武器。调查发现，绝大多数企业家都不会定价，甚至包括很多在企业管理上非常出色的企业家。

在一项针对186位经理人的调查中，“定价”在13项营销问题中，列在压力榜首位，是经理人最头痛的问题。

在操作层面上，涨还是不涨？涨多少？降还是不降？降多少？如何在涨价的同时确保利润和市场份额？如何在不同的产品线上差异化地确定价格？这些都成为经理人们所面临的棘手问题。你是否也经常被这些问题困扰？

✓ 许多公司内部的定价决策往往是市场、销售、生产和财务部门之间无序互动的结果，没有充分的沟通。

✓ 许多公司的定价是老总一个人说了算，草率做出决定，把定价当赌博。

✓ 许多企业在定价上按图索骥、照本宣科，根据一些所谓经典的企业管理教科书做出定价决策的企业，更是事倍功半！

✓ 许多企业不计算自己的产品价值，而是跟在其他公司的后面定价，压抑了产品的个性化和自身的价值。

定价失误是企业的致命伤，这给那些抢先使用定价武器的对手企业，那些拥有先进定价工具的优势企业，亮出了自己的弱点、自己的死穴！

第一节
竞争导向定价：让你失去个性

1. 竞争导向定价的缺点

定价失误的泥沼

我们有一个学员是浙江一家做木门生意的公司老总，他们公司成立较早，五年前，当市场上的对手企业还没有成长起来的时候，他们就已经在规模和质量上处于领先水平了。因为对手微不足道，所以他们一开始用成本定价法，锁定的目标利润率只有10%~30%，犯下了定价太低的错误，在大好形势下，却没赚到钱，因此就没有更多资金去扩大规模、提升品质、创造品牌。

后来，市场上的竞争对手多了，他们开始关注对手的价格，从成本加成定价转而实行竞争导向定价。竞争对手压价，他们也压价，价格战开打，大家的日子都不好过，原来在市场上的优势荡然无存，失去了大好机会。直到参加了定价培训课程以后，这位老总才意识到自己陷入了很多企业都无法跳出的定价失误的泥沼。

竞争导向定价就是以竞争对手的定价为标杆，比直接竞争者的价格低一点、高一点，或者保持一致。实际上，这是把对手的价格当作市场接受标准，而不是以顾客为导向。竞争导向定价的缺点见表 2－1。

表 2－1　竞争导向定价的缺点

影响对象	缺　点
产品	不能体现出独特的价值
企业团队	抹杀了团队的创造性
消费者	感受不到产品的差异性
竞争对手	导致价格战

假设你的竞争对手没有做过定价策略分析，他的定价本身就不科学，你跟着他去定价，后面新进入的企业，再跟着你定价，那么你们这些定价错误的企业，都

会被更强的对手吃掉。

竞争导向定价最主要的问题是它从根本上就不适合有独特价值的产品。如果你的企业辛辛苦苦研发出了新产品，耗费了很高的成本，拥有独特的创新，也做了大量的推广。从价值的角度讲，你的商品要比竞争对手的商品好很多，怎么能跟在后面成为价格跟随者，拱手让出定价权呢？这样做对得起你的团队吗？

即使你的商品价值比竞争对手高，你跟在对手后面定价，也相当于给消费者一个误导：你的商品和竞争对手没什么区别，是模仿竞争对手的，那就谁的价格低买谁的。反过来说，没有核心技术、独特价值的企业，如果盯着对手的定价，也不可取，这样可能会给企业带来灾难——导致价格战！

2. 价格战是饮鸩止渴

价格战导致大打出手

2003年，贵州省啤酒市场消费火热，一颗“金星”点燃了一场“大火”。金星啤酒以新产品低价格打入山城啤酒的大本营六盘水市，在贵州揭开了价格战的序幕。山城啤酒在降价反击的同时，又以成件收购或调换金星啤酒的方法来保护自己的市场份额，竞争进入白热化，甚至发生了斗殴事件。无独有偶，2005 年，青岛啤酒与深圳金威啤酒间的竞争也爆发了持械斗殴，最后深圳警方出动，才避免了事态恶化。看来，商场如战场，并不仅仅是个比喻！

在销售实践中，企业家容易跌进去的第一个坑就是打价格战。这个坑的危害非常大，从企业经营公式的层面便可一目了然。

原本企业的经营公式是 10－9＝1，利润本来就不高。现在，为了打价格战，企业的经营公式变成了 8－9＝－1，甚至 7－9＝－2，早已损失惨重。等到实在招架不住了，企业就开始偷工减料、降低成本，在一批又一批真正有价值的用户离去之后，企业距离倒闭的时间也就不远了。

战争，无论何种战争，都是可怕的。它的结局不是你死，就是我亡，或者两败俱伤，价格战也如此！价格战可能是竞争者之间主动发起的，也可能是你跟着竞争对手定价，相互跟随导致的，但无论如何，都是灾难性的。

价格战获胜的一方，也许可以换来市场份额，但是换不来品牌忠诚，而且这种市场份额是一种极不稳定的市场份额。试想，如果价格战真能保住市场份额，那么你先要问自己几个问题。

✓ 你能坚持亏本卖低价多长时间？

✓ 你能保证你的商品永远保持最低价吗？

✓ 你能保证打败了一个对手，就不会有其他对手乘虚而入吗？

✓ 一旦有比你价格更低的同类商品出现，消费者是否会弃你而去？

这些问题都想清楚了，再慎重考虑！

价格战还会影响顾客对价格信息的反应，降低顾客对市场上同类产品价值的判断，他们会认为是价值在降低，降价理所当然，一旦价格明显下降，再想回到从前的价格，将是白日做梦。

定价早知道

价格战的导火线有哪些?

（1）市场中有多个企业，各家企业拥有类似的市场份额。

（2）行业发展缓慢，市场饱和度高。

（3）行业需要较高的固定成本，为了摊平这些成本而追求规模化。

（4）退出市场的成本较高。

（5）顾客转换品牌的成本较低，通过降价可以快速扩大市场份额。

（6）产品差异化较低。

第二节
成本定价：定价过低

老外买柿子

有一个美国的摄制组，想拍一部中国农民生活的纪录片。于是，他们来到中国某地农村，找到一位柿农，说要买 1000 个柿子，请他把这些柿子从树上摘下来，谈好的价钱是 1600 元。

这位柿农一听价格给得还挺高，高兴地同意了。于是，他找来一个帮手，一个人爬到树上摘，一个人在下面拣。美国人觉得很有趣，全都拍下来，接着又拍了他们贮存柿子的过程。拍完之后，摄制组付了钱准备离开，那位收了钱的柿农却一把拉住他们说："怎么不把买的柿子带走呢？"

美国人说不需要带，他们买柿子的目的已经达到了。柿农心想天底下哪有这样便宜的事情呢？于是他很生气地说："我的柿子很棒啊，你们没理由瞧不起它们。"美国人让翻译耐心地解释，说没有瞧不起柿子。柿农似懂非懂地点点头，感叹说："没想到世界上还有这样的傻瓜！"

柿农不知道，美国人要拍的是他们采摘和贮存柿子的纪录片，拿到美国可以卖更多的钱。柿农只觉得这1600元钱是他的柿子成本和利润的总和，他今天占了大便宜。

你的企业是否也像那个柿农一样，不了解、不挖掘顾客心目中的价值取向，只从成本的角度考虑产品定价？

管理学之父德鲁克在他的著作中，提出了五种致命的经营错误，其中有一种就是成本推动的定价。

首先，顾客的购买愿望并非由成本决定，而是由产品性能及其对客户的相应价值而定。成本加成定价忽视了顾客认知价值的最核心因素，这实际上是因果倒置，弄反了定价流程。

其次，成本定价有个逻辑性的错误，那就是在识别顾客价格感受之前，就确定了销售量和目标顾客群，定价却可能高于或低于顾客愿意支付的价格。

成本定价就是先算出成本，再加上预期的利润，10%、20%或30%，或者取这个行业的平均利润，最后确定一个价格。

商品价格 =（成本 + 利润）/ 销量

其实，这里的成本，只是你的生产成本，而不包括销售成本，你在定价的时候，还没有进行销售，销售成本还没有出来，怎么能够算出定价呢？在你还不知道价格的基础上，你的销量怎么预测？所以，这样的定价方法从逻辑上是行不通的。

举例来说，我们生产了一瓶水，让财务进行成本统计，最后发现我们的成本是 8。于是，我们就将价格定在 10，因为 10−8=2，也有 20%的利润率，这是一个很不错的成绩。

可是，一段时间之后，我们的财务报表出来了，眼前的数据让我们惊讶不已：10−18=−8，亏得一塌糊涂。这是怎么回事呢？我们气急败坏地喊来财务人员，他也早已吓得魂不附体了。从财务人员那里，我们听到了一个失败经验的反馈：成本太高了。

听到这里，我们会更加生气："你们不是专业人士吗？怎么会算错成本？"然而，我们真的不能过于苛责财务人员，即便是作为企业最高管理者的我们，很多时候也无法保证能够将那么多的成本一项不漏地全算完，而且有一些成本并不是在定价的时候发生的，尤其是一些过程性成本和临时发生的成本，因此我们才会说成本计算是一门大学问。

无论何种原因，总之我们的成本算少了，结局就是根据成本来确定的价格太低，最终导致我们的企业出现严重亏损。

这样的结局绝不仅仅是想象中的情形，我自己就曾在定价上遭遇过滑铁卢。

亏本的房地产

1995 年，我们公司开始多元化经营，进军房地产行业。大家都知道，房地产行业有一个黄金定律：地段至上，所有开发商，无一例外地都随时紧盯市面上的好地段，当年的我自然也是如此。不知道是不是上天“垂青”，很快一家国企有一块30亩的地皮要卖，位于昆明市的焦山桥。这里靠近昆明市东风广场，紧邻昆明唯一的一条江——盘龙江，地理位置可谓得天独厚，很有房地产开发价值。

于是，我们就以6000万元的价格买下了这块地，紧接着就开始设计、规划、申报等一系列行政审批，然后风驰公司拿到了商品房预售证，准备开始对外出售了。

这时，分管房地产业务的总经理找到我，想要商量定价的事情。这位总经理首先分析了竞争对手的情况，他的分析显示，就在风驰开发新楼盘的附近，我们竞争对手的房子无论硬件软件都与风驰不相上下，定价是3000元/平方米，而且这个房子已经销售一空了。

起初，我对这个分析还有所怀疑，甚至曾扮成买房的客户亲自去打听，结果与总经理说的一模一样。于是，我觉得这件事比较靠谱，开始让财务人员计算成本。很快财务的数据也出来了，成本价在2300元/平方米左右。如果这些信息都没出错，按照3000元/平方米出售，那么很显然风驰肯定是赚钱的，总的利润额大概有一亿元。

在一系列的研究分析之后，总经理又找到我最后拍板。多年以后，每当我回忆起这段场景都会唏嘘不已，因为从这位总经理进屋，到我决定按 3000 元/平方米的价格出售商品房，前后还不到两分钟时间。就这样，风驰定价 3000 元/平方米的商品房开始进入市场，销售果然非常火爆。

到 1998 年，所有的商品房都卖完了。12 月 31 日，风驰召开了房地产部门的表彰大会，在大会上，我满面笑容、兴高采烈地对员工们说："今年大家业绩很好，现在董事会决定拿出利润的 10% 奖励给大家。"利润的 10%，也就是将近 1000 万元。讲完这些话，我找到总经理，吩咐他尽快把这笔钱发下去，最好在春节前就办好。

到这里为止，这件事似乎已经有了一个完美的结局。谁知，没过几天，那位总经理就带着公司的财务总监，一脸沮丧地找到我。从他们的表情中，我已经读出了一些不好的感觉。果然，他们汇报了一个经过财务统计之后的坏消息：在这次的房地产项目上，公司没有赚钱。

听完这个消息，我的第一反应是哈哈大笑。我为什么会笑？因为我误会了，我原以为下属是要给我一个惊喜。在我心目中，要想给一个人惊喜的最好办法就是先让他受到惊吓，然后才告诉他喜讯。

于是，我开始鼓励这些下属，让他们向我国台湾和香港地区的地产商们看齐，并对他们承诺要将公司的优质资源都整合到房地产部门，甚至干脆今后就转型做房地产了。我以为听完这番话，这位总经理会给我一个好消息，但是面前这位高管却依然眉头紧锁，并认真地告诉我，这个项目确实没有盈利。

这下我才意识到问题严重了，为什么我们没有赚钱？我百思不得其解。按照传统的营销学理论，我们首先应该查查销售量，因为销得多就可以赚得多。可是这一次风驰的楼盘卖得精光，销售异常火爆，怎么还是没有赚钱呢？看来，这次不赚钱跟销量的多少是无关的。

既然不关销量的事，是不是我们的成本太高了呢？实际上，当时在风驰的董事会里面，就有人曾经在背后劝我一定要彻查这位总经理。在这些人看来，这位总经理肯定贪污了，不然怎么解释一个有上亿元利润的项目，眨眼之间就变成了不赚钱。但是经过查证，那位总经理没有贪污，成本真的就有那么高。

问题的关键在于，我们的定价太低了！那些成本都要3000元/平方米的房子，定价也定在3000元/平方米，怎么可能有利润可言。当初，我为了鼓舞士气，还在动员大会上宣布："家人们，这是我们自己的房子，现在内部价格只要2300元/平方米！"为了起到表率作用，我还第一个在认购表上签字。于是，员工们在我的鼓舞下，纷纷以2300元/平方米的价格购进公司的房子，有的员工还买了好几套。

这样一来，在对外销售定价本来就过低的情况下，再来一次内部大"赠送"，如果公司还想在这个项目上赚钱，岂不是天方夜谭。

1. 别做一厢情愿的事情

奇怪的餐馆

在美国的匹兹堡市，有一家奇怪的餐馆，这家餐馆的菜单上只有菜名，没有菜价，顾客根据自己对饭菜的满意程度付钱，无论多少，餐馆都无异议，如果顾客不满意，可以分文不付。但事实上，绝大多数顾客买单都很积极，并都能合理付款，甚至多付款！

这家奇怪的餐馆之所以敢这样做，而且仍然没被吃穷，是因为他们知道消费者永远是根据自己感受到的价值来买单的，餐馆相信自己的饭菜能够让顾客感受到很高的价值，这是两厢情愿的事。

而成本定价完全是站在企业的角度，一厢情愿地定价。如果这家餐馆有一天改变策略，在菜单上罗列出每个菜的成本和他们想要得到的利润，对顾客说："你们看，我们成本是这么多，想要得到的利润也写在上面了，你们看着给吧！"那么我想，老板可能会被送进精神病院，餐馆也不会开到现在了。

这不是一个玩笑，成本定价就是这么回事。难道你认为自己管理不善，导致成本太高，就可以把成本转嫁给买方吗？顾客不会这么认为，确保利润是企业的事。

反之，你商品价格定得低，消费者就一定会买吗？

没有对这种商品的需求，没有感受到它的价值，他们也不会买。消费者买的不是成本，而是价值。

如果任何产品按照成本定价都能卖出去的话，消费者都能接受的话，随着成本的上升，商品的价格跟着上升就行了，那还会有企业关心成本吗？还有哪个企业去砍掉成本呢？

2. 反应迟钝的价格

世界上有反应迟钝的人，也有反应迟钝的价格。成本定价法把价格变动的主要依据放在企业的成本上面，而忽视市场供求关系的存在，这就存在另一个缺陷：对市场变化反应迟钝，不适用于竞争激烈的市场环境。

比如说，用成本加成定价法的航空公司 A 和依据市场和顾客需求定价的航空公司 B，当燃油价格上涨时有不同的应对方法。

航空公司 A 的反应：简单地将成本转移到价格上。

航空公司 B 的反应：减少航班的数量、提高满员率、缩减乃至取消折扣票价、提高全价票乘客比例等，以价格组合的形式提高平均票价。

在客流量大增的春节期间，航空公司的成本虽然也在随着客流量增加而上升，但并没有发生太大的变化。那么，采用成本定价的航空公司 A 对这个市场机遇并不敏感，错过了提升利润的大好时机，而航空公司 B 可以采用高定价方法，以弥补淡季时的损失。策略不同，经营层次高下立判。

假设成本定价在逻辑上行得通的话，那么企业所参考的成本数据，如生产、营销和服务成本，永远都是过去式的，可能是几个月前的，也可能是去年的，而顾客需求和竞争态势则是瞬息万变的，结果可能是僵化的定价在市场疲软时显得过高，而在市场景气时又过低。

3. 不要上采购商的当

天价水泥

我们有一个盈利模式的同学是做户外广告的，他的产品是高速公路边的广告牌。他在不了解正确的定价策略前，也是依靠成本定价。有一次，他的购买者要求把成本报出来，并承诺给他一个合理的价格。他按照这个思维，把价格报了14.7万元。

广告牌的成本包括钢筋、水泥、灯具、广告画面、设计，再加上合理利润，最终得出这个数字。两天以后，客户见到他，对他的报价非常生气：“我终于看到了天下最贵的水泥！”

他卖的是广告牌，所以他在报水泥价格的时候，当然不是很专业，而且像这样的报价，他已经觉得不赚钱了，表面还有20%的利润，但实际上，根本无法算出真实的成本，比如营销成本、公司的房租水电、研发成本，还有机会成本。

实际上，他的心里很清楚，即使以14.7万元的价格卖了这个广告牌，还是亏损。但是没想到，面对亏损的价格，客户还不领情，钢筋和水泥的价格可以从建材市场上轻易得到，对方根据你的报价，一一核对成本，最后只能是不欢而散！

我了解到这样一个事实，沃尔玛在采购产品的时候，要求他们的供应商用成本定价，而且要供应商报出生产这个产品的具体成本。

这就是大企业的优势，他们是强势的。如果我是采购者，我当然也希望你给出的价格就是你的成本，如果供应商某个产品的成本太高，我就不要。沃尔玛这样做的目的是要知道供应商每一分钱用得对不对，最后压减供应商的成本，让自己获得高利润。

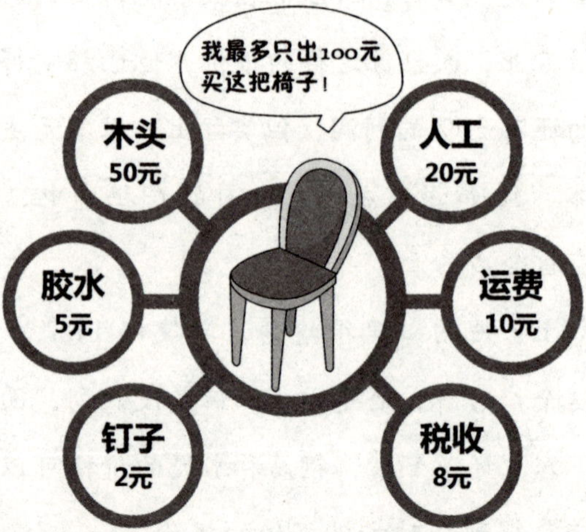

图 2－1　一把椅子的成本报价

我作为一个企业家，也要求供应商把成本报出来。如果我采购的是桌子，我会要求供应商报出桌子的各项成本，我要一项项审核。

我的目的是为了榨取你的利润，不希望你赚到钱，而你作为一个生产者，是要赚钱的，不能用成本定价，否则就中了采购者的“圈套”！

4. 大企业都不是成本定价

哈根达斯有没有成本定价？

“爱她，就请她吃哈根达斯。”这句广告词，让多少囊中羞涩的小伙子为了追求心仪的姑娘，鼓起勇气，硬着头皮，带她走进店里，被“狠宰一刀”！然而，也许很多人不知道，号称冰淇淋之王的哈根达斯，在中国的价格是产地美国的 2~4 倍，而中国的人均收入却是美国的八分之一。请问哈根达斯在中国有没有用成本定价？

在楼市疯狂的时候，那些攫取高额利润的地产商，他们是成本定价吗？

耐克运动鞋在中国生产，总成本不会超过 100 元人民币，销售价格是多少呢？翻了至少六倍。

牛奶的成本高于依云矿泉水和漱口水，但卖得却比后两者都便宜。

你可能还会告诉我，沃尔玛推出了“天天低价”，他是成本定价吗？如果他是成本定价的话，在 20 年的时间里，能持续荣登全球企业利润排行榜吗？沃尔玛对供应商要求成本报价，而自己却不用成本定价。

如果企业真的都用成本定价，企业的利润怎么积累？竞争力怎么去培养？

我们的售后服务、员工培训、产品研发、技术革新，如果都是用成本加一点利润得来的，那都无法实现。

第三节
薄利多销：皇帝的新衣

皇帝的新衣这个故事，可谓家喻户晓。裁缝知道新衣是假的，不敢和国王说；王公大臣知道新衣是不存在的，也不敢和国王说；路人知道新衣就是没穿衣服，更不敢和国王说，所以国王穿着“它”招摇过市，丑态百出。

薄利多销就像皇帝的新衣：高利润的企业、高利润的产品，被商家冠以“跳楼价”。世界上最赚钱的公司也可以告诉消费者，他们是薄利多销，那是广告、是宣传、是营销策略！

我们前面所举的那些顶尖公司，他们的利润都很高，难道他们就少销了吗？不会！实际上，“薄利多销”这个词语本身就不符合商业逻辑，如果薄利可以多销的话，那么无利岂不是可以脱销？

事实确实是如此。我们千万不要忘记企业经营的目的是什么，没有利润的生意有谁会去做呢？其实，对于我们广大中小型民营企业来说，绝对不能走薄利多销的路子，多销是可以的，但必须拥有较高利润。即便我们想要实现多销，也必须有较高的利润做支撑。大家可以想象一下，多销靠的是渠道和推广，靠的是我们的“陆军”和“空军”，想要通过地空立体作战来实现多销，就必须有雄厚的资金来支持，这自然离不开高利润的长期积累。

中国的企业家都比较忠厚，把价格定的很低，他们告诉消费者：我真的是薄利，希望获得消费者的信任，从而实现多销。然而，真正为商品买单的人，有多少人能相信所谓的薄利多销呢？更何况，消费者对市场总是存在理解和认识上偏差。在他们看来，“便宜没好货”，那些打着薄利多销旗号的企业，其产品质量绝对不是高品质的，肯定偷工减料了，因为只有没有销路的产品才会拿出来降价销售。

消费者都不一定相信你在薄利多销，难道你还会坚持薄利多销吗？如果那样的话，你就像那位穿着新衣的皇帝，被市场愚弄的人是你，不是别人。更何况，消费者还有一种担心，认为减价的企业可能遇到了财务困难，如果企业倒闭，售后服务就会难以保证。即使当时想买的消费者也会抱着另外一种幻想：现在降价了，以后也许还会降，先不着急买，等过一阵子再说。

试想，如果用户是这样的认知和思维，在消费不断升级的今天，就算企业愿意通过降价做到薄利，又有多少用户愿意去购买这种看起来“薄利多销”的廉价货？如此一来，企业的多销也就成了一厢情愿。正是从这个角度出发，我们才说薄利多销对于企业定价来说是第二个坑。

1. 薄利换来的是薄情

牛不是那么容易吃到草的！

一位游人到乡间旅行，看到一位老农把喂牛的草料铲到一间小茅屋的屋檐上，不免感到奇怪，于是就问道：“老公公，你为什么不把草放在地上，这样更方便牛直接吃呢？”

老农说："我要是放在地上，它就会不屑一顾，但是我放到让它勉强可以够得着的屋檐上，它会努力去吃，直到把全部草料吃个精光！"

薄利多销策略失败的原因之一是很多人都持有"便宜无好货"的观点，轻易得来的就觉得不好。明明是优质商品，如果你真的把价格定得很低，他可能会怀疑产品的质量，从而不屑一顾。

另一个原因是企业的诉求和消费者诉求不一样，薄利的落脚点是企业的利润，多销的落脚点是市场和消费者。消费者根本不关心你的利润，不是说特斯拉赚钱了，我就不买；苹果手机和电脑利润高，我就不要；耐克运动鞋定价很高，而成本只有一百块钱，我也不要。落脚点不一样，策略的应用就会事与愿违。

没有一个消费者在购买商品的时候，会计算企业赚了多少钱，再精明的消费者也无法算出来。消费者更无法判断出企业在这件商品上赚多少利润，是否薄利、是否合理、是否黑心。

消费者只买自己认为值的东西，你们企业哪怕亏本

图 2－2　消费者的价值感是利润之源

卖，我认为不值、不喜欢，还是不会买。消费者在准备买一件商品的时候，无外乎审视自己的需求；在权衡是否该买的时候，无外乎审视商品的价值。这两点都认同了，就会马上做出购买的决定。

2. 薄利＝薄命

薄利多销是企业应对市场的一个严重误区，因为对于企业来说，有一个问题是你永远无法解决的。

每个企业都有三大稀缺资源：

✓ 人，你的人力是有限的；

✓ 钱，你的投资是有限的；

✓ 时间，时间对任何人都是有限的。

因此，企业的产能是有限的，规模是有限的，运营也是有限的。以有限的资源而言，企业只能满足一小部分消费者的需要，尤其是对于中小型民营企业来说，不可能指望多销。

确实会有一些产品通过低成本和规模化来追求多销。比如说格兰仕，低价策略是他们的撒手锏，但是他们的低价策略是战略，来自于规模化生产，我们中小型民营企业却不能盲从。

总之，不管你是什么样的企业，如果在定价上给自己以薄利，为了追求销量而亏待自己，这就意味着灭顶之灾。

因为你的薄利，你的时间、人力、物力资源就不能最大限度地发挥作用；因为你的薄利，你就没有更多的资金提高产品的技术和管理水平；因为你的薄利，你就没有余力去提升品质，不能满足客户更高的需求；因为你的薄利，你就无法快速地积累资金，无法建立你的竞争优势。这一切告诉我们，薄利多销是一个误区。

第四节
一物一价：利润的大敌

一瓶水换一颗钻石

如果你走在城市的大街上，拿着一瓶矿泉水，随便问一个路人："我可以用水换钻石吗?"他们都会把你当疯子，因为在城市里水不是一种稀缺资源，在城市的任何角落都可以轻易买到，一瓶水对一个人的价值微乎其微。然而，如果你置身于干旱的沙漠里，一瓶水可能就是关乎生命的，就会有人用钻石来换。同一件商品，在不同条件下，消费者的价值感受是有天壤之别的，所以消费者需求的迫切感就是你获利的最佳途径。

一件商品，不管在任何地方、任何环境和任何市场需求条件下，永远是一个价格，这就是一物一价。很多企业家不太习惯对不同的销售商、不同消费者给出不同的价格，更不习惯在不同情况下改变价格，所以坚持奉行一物一价。

这样的定价法忽视了市场的规律，忽视了消费者的需求和心理，让许多利润都白白流失了。

一罐可口可乐在五星级饭店里可能要卖到 30 元，而在大超市里只有两元左右，相差十几倍！为什么在五星级饭店的顾客，听到这样的报价，不会大发雷霆，而是欣然接受？为什么在大卖场里的顾客也没有觉得价格很低，自己占了便宜？也就是说，售价等于消费者能接受的价格，而不在乎高低！

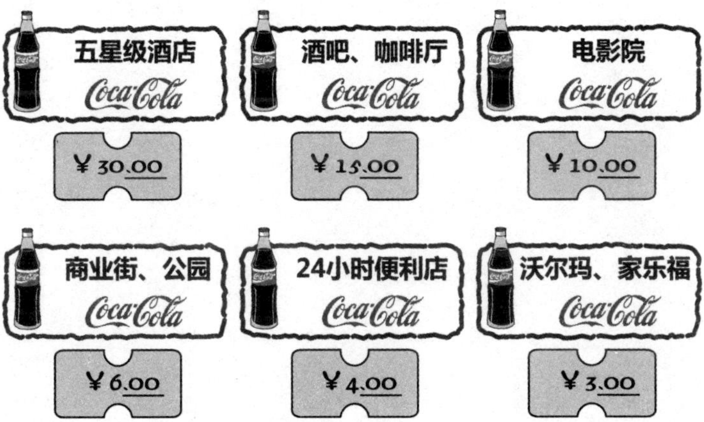

为什么同一种商品，价格会有如此大的差异？我们不能忽视消费者的需求，在不同条件下，消费者对同一种商品的迫切感是有巨大差异的，所以他们愿意为这样的差异买单。实行一物一价，你就等于漠视了这种差异的存在。

第五节
草率定价：自掘坟墓

每个公司的老总都有一个共同的特点：忙！除了忙还是忙。因此，他们对待那些自己认为不重要，但又必须亲自做决定的事情，就会非常草率，定价问题往往被他们划归此类。我在昆明销售房地产遭遇滑铁卢一事中，从那位总经理进屋，到我决定将商品房按3000元/平方米的价格出售，前后还不到两分钟时间。可就是这短短的两分钟的草率决定，直接导致了上亿元利润的流失！

对任何一个企业来说，所有定价的问题都不是小问题。可是，真的有一些企业的老总，在他们看来，企业的任何问题都比定价重要，他们都是草率定价。

定价早知道

形形色色的草率定价

(1) 拍脑袋定价：不分析竞争对手和市场环境，最喜欢用“差不多”这个词。主观上认为这个价格差不多能盈利，消费者差不多能接受，那就定这个差不多的价格。

(2) 凭经验定价：不认真研究变化的竞争环境和市场环境，最喜欢用“我知道”这个词。对自己的直觉和经验非常自信，凭直觉和以往的经验，再参照过去同类商品的价格，就匆忙定价了。

(3) 看市场定价：盲目相信价格是由市场决定的，自己操心也没用，不去研究自己的产品，市场上是什么价就定什么价。

(4) 专家定价：自己对定价不做研究，没时间思考，也不听取下属各部门的意见，而是托关系从外面请专家，让专家定价，专家定多少就是多少。

(5) 朋友价：公司没有定价的机制和流程，轻易地决定价格或改变价格，对于朋友或一些老客户，并没有折扣的标准和具体数字，完全凭感情、凭心情给价格。

(6) 一口价：觉得定价和议价远比管理企业和生产产品麻烦，干脆就一口价，一视同仁。

(7) 简单价：为了便于计算，便于标识，所有商品的价格永远都是整数。

第六节
价值塑造及沟通不足

高斯法则

生态学上有个高斯法则：一个物种，只有当它所掌握的技能至少有一项超越其敌人的时候，它才可能生存下去，或者跑得更快，或者跳得更高，或者能上树，或者善隐藏……商品也是一样，没有独特的价值塑造，消费者凭什么买你的商品？

许多老总在思想上并不重视产品最终传递给消费者的价值，在他们眼里，只有销售和成本，“先把本儿赚回来，然后争取更多的边际收益，能挤多少就挤多少”。这种目光短浅的行为，不但对企业的长远发展没有好处，就连眼前商品的销售，都不一定能做好。

✓ 你的商品有哪些特色？

✓ 和其它商品相比，有哪些区别？

✓ 它能带来什么样的价值？

✓ 带来什么样的身份感？

✓ 带来什么样的荣誉感？

你的商品价值塑造得够吗？如果消费者不能了解我们的产品，没有理解我们的产品价值，怎么可能做出购买决定？

价值塑造之后，你能顺利地说服消费者接受这个价值吗？由于我们在商品价值塑造、与消费者沟通方面都做得不够，没有让消费者认同，所以这时候就会导致价值被严重低估。

以一个苹果的价值塑造来说，以下是三种不同品牌的价值塑造方式。

表2-2　三种不同苹果品牌的价值塑造方式

	品牌一	品牌二	品牌三
特色	甜	脆	香
区别	很小巧	大小一般，叶子有虫蛀	比较大
价值	口感非常好	无农药、原生态	营养多
身份感	精致的生活	健康的生活	富足的生活
荣誉感	有品位	绿色有机食品	很大方

第七节
定价失误的四大罪

企业家在定价工作中往往会不自觉地陷入六大失误的泥潭里，为什么出现这样的情况呢？传统的教学资料给了我们误导。教科书给我们罗列出了成本定价、目标利润定价、需求导向定价、竞争导向定价等这样的名词，把定价看作是一种定势、一个公式，这就是误区的根源。

定价失误归纳起来，其实来自四个方面：

✓ 依据成本——成本是你生产这件商品的消耗，和消费者无关，消费者关心的是商品的价值。

✓ 目标利润——你所谓的目标利润，是你的一厢情愿，消费者不会轻易买单。

✓ 需求导向——从消费需求导向来看，消费者当然希望你没有利润，而你不可能这样做。

✓ 竞争导向——竞争对手如果对定价一无所知，在定价上不够理智，你不能跟他一起走向深渊。

一个完美的科学定价，需要基于战略思维：

✓ 公司的战略方向。

✓ 目标客户群体。

✓ 产品的差异化，为客户所创造的价值。

✓ 所处竞争环境，竞争对手的反应。

定价要纵观全局，要照顾到上下左右，上是客户，下是产品，右是你的战略，左来自于你的竞争环境。如果在定价思维上根本没有上下左右纵观全局，那就是片面的、单一的、盲目的，当然会让我们的利润白白流失。

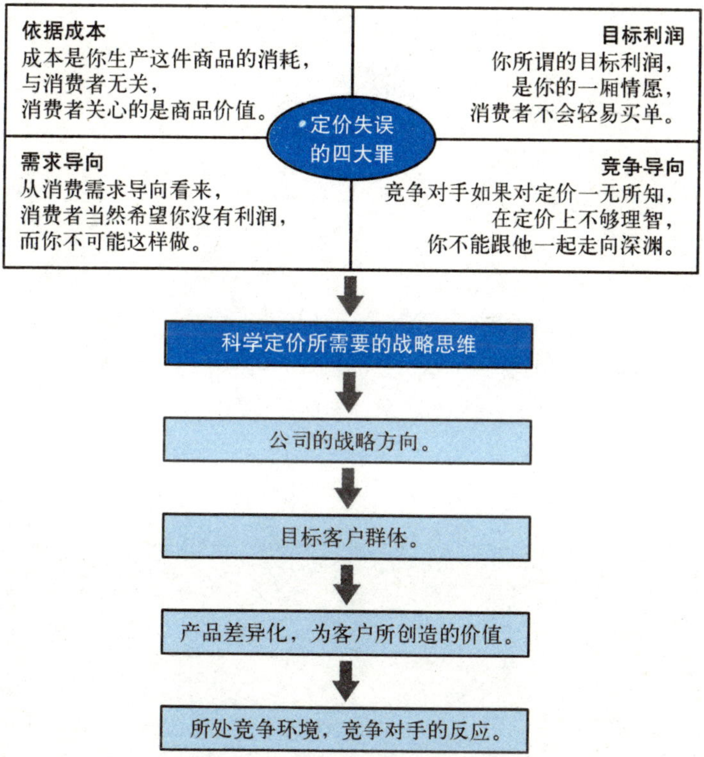

图2-3　科学定价所需要的思维

第二部分

实践篇

这是一套系统的定价工具，即四定法则、八大定价策略和六步定价法，是我在总结、优化了定价步骤，综合了市场上流行的各种定价方法和多年以来的经验基础上创建的，专门针对中小企业，力求立竿见影、招招见效，向你提供最简单实用的定价方法。

企业家
四定法则
八大定价策略
六步定价法

为了获得最有利的定价，很多企业求助于复杂的软件系统。例如，福特公司拥有非常复杂的“促销优化”系统，经过模型演算，帮助确定向不同顾客提供折扣和免息贷款的数额，然而这样的软件在国内往往“水土不服”。

更多的公司则将成本加成定价法看成法宝，并运用了很多数字模型和计算公式，似乎价格早已在这些模型的掌握当中，所需要做的只是复杂的计算。可是市场瞬息万变，定价显然不只是数学游戏。

而我们有一套系统的定价工具，即四定法则、八大定价策略和六步定价法，是我在总结、优化了定价步骤，综合了市场上流行的各种定价方法和多年以来的经验基础上创建的，尤其适合中小企业，力求立竿见影、招招见效，向你提供最简单实用的定价方法。

（1）定价委员会

想要做好定价工作，首先是搭班子，这个班子就是定价委员会。定价委员会需要董事长牵头，以及财务总监 CFO、营销总监 CMO、运营总监 COO 和报价专员的参与。

（2）四定法则

四定法则是定标、定位、定价、定品。定标指的是企业发展的目标，定价时要进行对标；定位包含了“卡位”和“占位”两个关键点；定价指的是具体的定价方式；定品指的是企业根据自身发展的战略，对产品制定标准，并根据这个标准不断完善现有产品的不足之处。

（3）八大定价策略

八大定价策略指的是定价工作的八种具体方法，如下表所示。

表 2-1　八大定价策略

序号	定价方法	追求的效果
1	价值定价	让价格反映产品真正的价值
2	差异化定价	把相同卖得不同
3	目标客户定价	让顾客各就各位
4	小数点定价	尾数带 9 的魔力
5	高开低走定价	调价在不知不觉中
6	特价品定价	吆喝的技巧
7	折扣定价	绑住消费者
8	规模化定价	以量取胜

这八种定价方法有什么作用呢？分别在什么情境下应用？我会在后文中做详细阐述。

第三章　定价委员会与四定法则

第一节 定价委员会

在企业的日常经营中，很难有什么固定的定价模式可言。从前文中我们知道，管理者一拍脑袋就定价的方法是不行的。还记得我们汤姆传媒因为“拍脑袋”降价而险些损失 1.5 亿元的故事吗？让我们继续讲下去。

和记黄埔的定价秘籍

在告诉我降价将会导致1.5亿元的损失之后，这位董事长直接问我："你们是如何定价的？"

听到这个问题，我便开始了一个非常官方的回答，从产品分析到用户，再从对手分析到市场。对于这个回答，董事长未置可否，只是对我说："这样吧，你带着你的高管团队去一趟和记黄埔，他们在这个问题上比较专业。"

两天后，我就带着高管团队去了和记黄埔。这次和记黄埔之行，让我终生难忘。我们一行人来到了位于香港维多利亚港湾的和记黄埔大楼，我从接待人员手中接过了一张名片，上面写着五个字——定价委员会。我第一次听说还有这么一个委员会，看来定价这件事确实很专业。

进入会议室以后，主讲人却相当神秘，生怕被人偷听似的，特意跑到门口往外望一望，然后关门、开讲。他接下来的这番讲述，让我后悔不已：自己要是早来听，就不会白白浪费那么多年了。

原来，在这个世界上真有定价委员会这种组织，李嘉诚之所以能够成为华人首富，在定价上靠的就是定价委员会。与一些老板一拍脑门就“定”价不同，李嘉诚团队靠的是用集体智慧来定价。在此过程中，一个由总裁、高管、核心专业人才所组成的定价委员会发挥了至关重要的作用。

定价如此重要，我们需要有一个专门的机构——定价委员会——为企业家处理定价方面的工作。

当然，定价委员会需要董事长牵头，同时还需要财务总监 CFO、营销总监 CMO、运营总监 COO 加入，需要报价专员的参与。一般情况来说，大多数行业的价格都不是频繁变化的，根据以往的经验，定价委员会的成员需要 5~10 人。我在《砍掉成本》一书中也提到，为了节省成本，这个组织的大多数成员都是兼职的。

我在香港地区经营汤姆传媒的时候，定价委员会是由我牵头的。我们的广告牌有几百个不同品种，不能全由我一个人定价，我没这个本事，也没有这个精力。我借助财务总监、营销副总裁、生产运营副总裁、定价专员联合定价，然后由定价专员直接对外发布。

定价早知道

定价委员会的职责

(1) 收集和分析一切有关定价方面的信息；

(2) 对消费者价格接受程度做市场调查和模拟测试；

(3) 与各部门协调和沟通，制定定价战略；

(4) 分析调整定价策略；

(5) 拟订产品定价方案；

(6) 对外发布价格；

(7) 实施定价策略；

(8) 对产品定价做持续跟踪，提出提价、降价或调整定价策略的建议。

图 3－1　定价委员会的职责

1. 不要对定价权耿耿于怀

过去，很多老总都是拍脑袋定价，他们认为价格控制权是自己权力的象征，应该牢牢把握，不能大权旁落。因此老总平时接到的电话，80%都和价格有关。你既感到烦恼，又感到无奈，力不从心，同时你还必须承担降价带来的利润下滑的风险。

我奉劝你，在定价上不要一个人说了算，要取得一个成功的定价，需要集体的智慧。我们前面已经详细说明，成功的定价需要研究战略、客户、产品、竞争对手，缺一不可，这些职责是你一个人可以胜任的吗?

（1）通过定价委员会做出的定价更具权威性，更让人信服。

老总的控制权不会因为定价委员会的成立而减弱，而且会从原来的做问答题，变成了选择题，难度小多了。你只要让他们把详细的定价策略研究报告拿给你，你决定施行或不施行就可以了。

（2）成立定价委员会让定价工作有制度可循。

即使你是老总，也不能拍脑袋决策。有一次，一个大客户打电话给我，因为他发现我们的价格比去年上涨了30%，想请我给他优惠。我当时就说："对不起，这是定价委员会制定出的价格，定价委员会给了我一个折扣，只有3%，所以我只能给你降低3%。"我才说完这句话，他马上就把电话挂了。

他本来想得很简单，以为给我打个电话，就可以得到一个更低的价格，但是他听到了一个陌生的组织机构，没有想到还有定价委员会。但这不是问题的重点，重点在于我们需要科学定价，需要用集体的智慧定价。

2. 定价是一个持续的过程

在很多企业里，管理者过分看重一次性价格的设定，认为定价工作可以一劳永逸，而对价格管理过程缺乏理解。在企业内部，也没有一个像定价委员会这样的机构，专门负责价格监督和对价格进行经常性调整。

例如，一项针对美国20家最大的医药公司的调查表明，只有四家拥有正式的向高级营销经理报告的定价部门，对于我们国内的企业来说，现实更不容乐观。

古人言：兵无常势，水无常形。市场瞬息万变，竞争环境、顾客需求也在时刻发生变化，定价是一个持续的过程，是需要持续管理和监督的过程。定价委员会应该随时发挥作用，而不能只是新产品上市之前，大家做一次讨论和调查，确定了价格之后就万事大吉了。

定价是一个持续的过程，对价格进行持续管理是定价委员会的主要日常工作。你要要求价格委员会不断汇总各个部门的信息，对下面的问题做出新的解答。

（1）顾客对产品的价值感受有变化吗？

（2）顾客的物有所值感提高了，还是降低了？

（3）顾客对产品价格的反应怎么样？他们是欣然接受，还是有所抱怨？

（4）销售商对我们产品的定价有什么意见和建议？他们是支持还是抱怨？

（5）竞争者最近有降价或提价的举动吗？

（6）有新的竞争者进入市场吗？

（7）上次价格变动带来的市场反应如何？对销售额和利润的影响如何？

（8）我们现在使用的定价策略产生效果了吗？是成功的，还是失败的？

（9）我们需要调整定价策略吗？

（10）我们在定价策略上还需要有哪些创新？

3. 让所有人接受你的定价工具

玩转“价格指挥棒”的“棒法”和辅助“棒法的内功”，前面都已经讲得差不多了，如果你能仔细修炼，融会贯通，相信会给你的企业带来利润倍增的效果。

然而，还有一个问题没有解决，如何让你的员工接受你的定价工具？我们在确定价格、调整价格，或实施某项定价策略的时候，如何才能不引起员工的抵触情绪？让定价工具得到有效执行，这个工作还需要定价委员会来做。

最头痛的是提价。对提价首先产生反感情绪的肯定是销售人员，他们觉得提价后东西不好卖了，没有提成了。更重要的是他们无法对老客户说出口，无法面对客户的质询。销售主管为了让产品好卖，为了追求销量最大化，总是希望降价销售。财务主管也不希望提价，因为他们害怕产品卖不出去，资金回流速度会变慢，害怕提价会增加营销和服务成本，现金流受到影响。而市场主管则希望避免降价销售，因为他们在价值塑造上下了很大功夫，尽量让自己的产品与其它产品不一样，希望能卖一个好价钱。

表 3－1　公司三大部门对待价格的态度

	销售主管	财务主管	市场主管
职责	把产品卖出去	管好现金	扩大产品知名度和影响力
目的	卖得越多越好	保持收支平衡	产品价值越高越好
口头禅	我们不能提价	提价会增加成本	我们想要更高的价格

成立定价委员会就是要有利于让销售人员——这些最终和买方接触的人——与财务部门和市场部门保持协调，更有效地理解产品的价值，并传达出公司赋予某个产品的价值。

如果你的产品需要提价，你可以对员工说："价格提高了，你们为客户提供的服务也就不一样了，创造的价值不一样了，你们自身的价值也在提高。如果提价让公司的利润提高，体现你们价值的工资也会相应提高。"

对销售人员说："能将更高价格的产品卖出去，更能体现你们的价值，提成也会更高。另外，我们还有一个自主的折扣空间，你们可以做适当的降价，以促成交易的成功。"

第二节
四定法则

我们需要明白一点，就算有了一个组织，也不能保证所有的定价都是科学合理的。因此，成立一个定价委员会不是关键，关键是这个委员会到底是如何具体确定价格的，这就是和记黄埔的核心秘诀——四定法则，如图 3 - 1 所示。

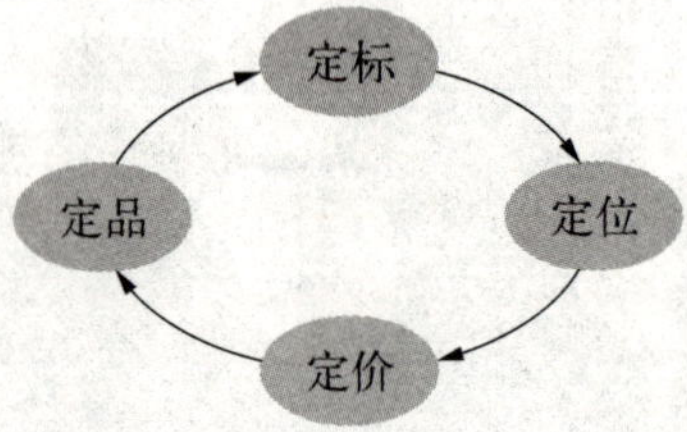

图 3 - 2　和记黄埔的四定法则

1. 定标

我们先来看定标。这里的定标其实也就是战略设计板块讲到的定标，因为业绩是企业的一个目标，也就是一家企业到底要发展成为何种规模的企业。在定价工作上，定标的意义在于，产品的价格要从一开始做战略设计的时候就想清楚。换句话说，我们一定要未雨绸缪，而不是想到哪里做到哪里，不然的话，就像打仗一样，子弹一旦打光就输了。

2. 定位

这是四定法则的核心关键，包括了卡位和占位两个重点。

在定价流程中，卡位和占位是什么意思？我们究竟应该如何卡位和占位？

早在 10 年前，一位企业家就曾经听我讲过《赢利模式》，那还是 1.0 时代。那次学习经历让他获益匪浅，他学习、领会到成本领先战略，并运用这套理论将公司做到了今天上百亿元的规模。

2016 年 3 月，这位董事长又带着自己的高管团队六十多人参加学习。在上课前，他找到我，希望能得到专门辅导。我觉得没问题，但是并不知道他想要听什么。

没想到，这位董事长一开始就说："老师，您再给我们讲讲定价吧，我想让我们的高管都能理解得再清楚一些。"于是，就在那天晚上，我给这个公司的全体高管讲了一遍如何卡位和占位。实际上，我对那些公司管理层所讲的，就是自己当年在和记黄埔大楼 12 层会议室听到的定价"真经"。

实际上，定价必须建立在对成本和价值的清晰、准确掌握之上。

有人会说，成本其实是很难计算的，除了各种显性成本，还有不少隐性成本，甚至还有机会成本、沉默成本，事实的确如此。也正因为如此，和记黄埔除了有定价委员会，还会在财务部门设立成本会计专岗，其职责就是锁定成本、分析成本。在对成本和价值有了清晰的掌握后，接下来要做的就是根据公司的战略道路来选择卡位还是占位。

面对这个学员公司的高管团队，我问了一个问题："你们现在做什么产品？定价是多少？"董事长回答说：

“我们现在做显示屏，定价3元。”

“那么竞争对手的价格呢？”

董事长回答说：“差不多，应该在3.1元左右。”

我接着问：“你们现在一个产品的总成本是多少？”

董事长说是2.5元。

“2.5元的成本，3元的定价，也就是说可以有3−2.5=0.5（元）的利润。那对手的总成本呢？”我紧追不舍。

董事长答道：“应该在2.7元左右。”

听到这里，我直接就判断说：“像这种情况，你们是无法卡位的。对手总成本可以做到2.7元，哪怕定价是3.1元，也有0.4元的利润，与你们不相上下。”

“那我们该怎么做？”董事长也很直接。

我回答道：“你们现在必须继续坚持走成本领先战略的道路，把干毛巾拧出水来，要下定决心，从原材料采购成本到生产成本，从流程管控到后续服务，哪怕逼疯自己，也要把总成本降下来。”

“降到多少？”董事长显得相当关心。

我回答得很干脆：“降到全行业第一低，越低越好。”其实，在这里我已经开始讲如何卡位了。

（1）卡位

如果这个公司能够将成本降到 1.8 元，接着就可以卡位，把价格定在 1.99 元。在这种情况下，竞争对手的成本是 2.7 元，也就是说，通过成本领先战略可以将价格做到比对手的成本都低。

此时，对手是无法招架的，因为他一旦接招，将自己的价格也改成 1.99 元，它的企业经营公式就会瞬间变成：1.99−2.7=−0.71，这将严重亏损。在这样的局面下，对手可以说是进退两难，接招，会亏得很惨；不接招，用户会被别人的价格优势大量吸引走，输得更惨。一旦对手熬不住卡位战，你就可以慢慢等待时机去收割“韭菜”了。

实际上，大家可以发现，定价上的卡位与成本领先战略是紧密相关的。正是在这个意义上，我们才说定价就是战略，定价就是要把自己逼疯，将对手“一击致命”，这就是配合成本领先战略的卡位战术的巨大威力。

（2）占位

除了卡位，在定价战略上，我们还要学会占位。跟卡位一样，占位也是跟企业所选取的战略道路相匹配的，其二者之间的区别是，与占位紧密相关的是价值创新战略。举例来说，我们现在要在上海开一家专门做过桥米线的店，决定不走成本领先战略道路，而是准备进行价值创新。这时候，我们首先就要了解竞争对手的市场平均价格。通过调研，我们发现一碗过桥米线在上海的平均价格是 39 元。

那么，我们接下来定价就一定不能定在 38 元、35 元或者更低。道理很简单，当第二很难生存下去，因为用户认的就是第一。那么，我们应该如何定价呢？我们要占位。

占位就是抢占价格高位。我们既然走的是价值创新的战略道路，那么在产品和服务的品质上就一定要做到极致：最好的汤、最好的米线、最好的肉、最好的服务、最佳的用餐体验……此时，毫无疑问我们各方面的成本投入都会增高，因此在定价上我们只能抢占高位，定得太低必然血本无归。于是，我们把这碗过桥米线的价格定在了 45.88 元，甚至再狠一点定在 49.88 元。

有人或许会问，凭什么定这么高的价格？理由就只有一条：我们的产品和服务具有超高品质。俗话说，贵有贵的道理，可能一开始用户会觉得有些贵，但是当他们消费结束之后，就会觉得物有所值了。

正因如此，我们才说占位同样是跟企业战略息息相关的，它必须与价值创新战略紧密配合。事实上，我们之所以敢定价 45.88 元，是因为我们的成本投入早就达到了 41.88 元，甚至还高。

这时候，再来看对手如何应对此种局面。他们敢提高价格吗？答案是否定的，因为我们的成本都比他们的定价高，他们一旦提高定价，立即就会损失一大批用户。用户的眼睛是雪亮的，他们才不会花高价钱去消费低价值的产品和服务，因为高品质的产品和服务从来都需要大量的成本投入。

反过来，他们敢降价吗？关于这一点，毋庸多言，本来就不是行业第一的中小型民营企业，如果再打价格战，很快就会遭遇更严重的亏损。于是，这样做的最终结果依然跟卡位一样，让对手左右为难，涨价涨不起来，降价也不敢降，最后只能被逼得勉强维持，甚至直接出局。这就是占位的强大力量。

3. 定价

在卡位和占位之后就是定价，也就是在本书中即将介绍的八大定价法，后文中将会详细阐述。

4. 定品

定品指的是我们根据以上步骤确定了产品的定价之后，要以终为始，依据这个定价来确定产品的研发和生产，“终”即为定价。

如果你的企业选择了低定价，走成本领先的道路，那么你需要做的就是通过大规模采购、科技创新等手段，不断降低采购和运营成本，在提前确定的价格区间内，生产出性价比最高的产品。

如果你的企业选择了高定价，走价值创新的道路，就必须对产品设计精益求精，对产品制造流程实行精细化管理，同时为客户提供个性化的售前和售后服务，不断提高用户消费体验和满意度，同时辅以一定的营销手段，打造出符合名副其实的高价值产品。

在确定产品的时候，要先定价再定品，以终为始，缺什么就补什么。

通过定标、定价、定品，尤其是通过卡位和占位之后，企业在定价方面基本就可以做到与自身战略相匹配，形成科学合理的价格体系。换句话说，一家企业想要成为什么样的企业，就应该有与之相对应的价格。所谓“定价定天下”，绝不仅仅是指企业通过定价战略赢得市场，更是指企业借此塑造自身在市场的品牌形象。

第四章　八大定价策略

对于中小企业来说，除非是细分行业的龙头，绝大多数的定价目标还是争取最大利润。下面，我就教你如何运用以下八种定价策略，以争取最大利润。

第一节
价值定价——让价格反映真正价值

所谓的价值定价法，就是企业通过塑造自己的价值来确定产品、服务的价格。正是通过这样的价值塑造，企业实现了从无到有、从有到精、从精到美地价值提升。在如今的市场上，价值定价早就不是什么新鲜事了，只有通过不断塑造和提升自身产品的价值，企业在定价上才更具优势地位。

1. 价值是塑造出来的

价值定价是一种两厢情愿的定价方法，让顾客用感受来说话，让我们的“上帝”来定价，这是所有定价策略的重心。一切定价策略，都要先从分析价值开始。同时，价值定价需要放大产品的好处和利益，渗透在产品中的好处有可能是商品的品牌，有可能是商品的独特性、耐用性，也有可能是商品附带的服务，我们要将这些塑造成很高的价值，让消费者感到物有所值。

在价值定价的过程中，我们除了要研究顾客对商品价值的感受和反应，还要通过价值塑造、价值诉求，给商品一个鲜明的个性、一张亮眼的“名片”，让功用基本相同的商品，变得与众不同，这个世界上的商品将变得五光十色、琳琅满目，你的利润也将迅速提升。因此，正确的定价是由顾客支付意愿、企业定位和竞争性价格战略共同决定的。

正确的价格 = 顾客支付意愿 + 企业定位
+ 竞争性价格战略

同时，定价的自由度也跟行业的市场结构息息相关。如果企业生产能力强，行业市场进入壁垒较高，退出壁垒较低，竞争对手少，且成本结构大致相当，客户需求稳定增长，供应成本比例较低，这时候定价就会水涨船高，企业将拥有较大的自由度。

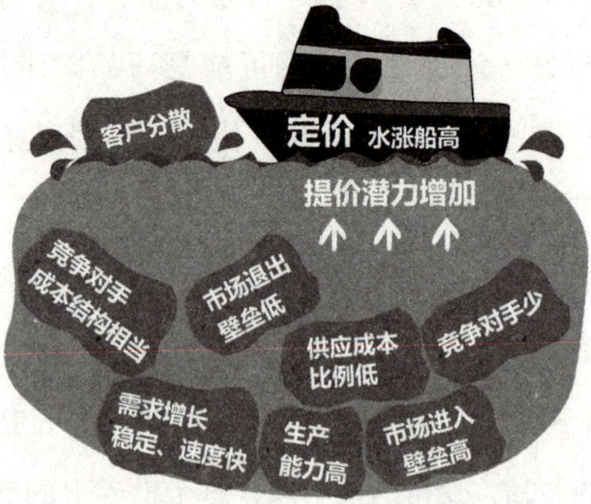

图 4－1 决定商品提价的因素

2. 价格是“上帝”定的

“上帝”的选择

有一天，一位穿着得体、举止优雅的男性白领，走到一家大型购物广场的文具柜台前，他想购买一支钢笔。在购买前，他心里已经盘算好了，希望能买到的钢笔具有以下优点：

✓ 可以使用五年以上；

✓ 包金的笔头；

✓ 写字流畅；

✓ 握着手感好；

✓ 名牌厂家的产品；

✓ 良好的售后服务；

✓ 外观设计有美感；

✓ 轻巧且便于携带；

✓ 整体风格符合他的年龄、性别和身份。

当然，世上没有十全十美的商品，他的这些条件不可能全部实现，但是“可以使用五年以上，写字流畅，名牌厂家的产品”，这三个条件是必须的，如果满足这三个条件，就可以考虑购买，并觉得 100 元是它的价值。如果还有更多条件符合预期，他愿意支付更高的价格；如果有六项以上的条件符合预期，他认为价值就是 500 元；如果有七项以上的条件符合预期，他愿意支付 1000 元。他在购物广场里仔细比较，有两款钢笔都满足他的六项标准，他都比较喜欢，一支标价 698 元，另一支标价 498 元，显然 498 元的更符合他的心理预期，所以他决定购买这一款。

价值是产品给消费者带来的好处。消费者对商品价值的认识，来源于商品的品质、功能、服务、品牌，好处越多，越觉得有价值。

消费者给你的钱，是商品的价格，同时也是他的成本。当他花费这些成本来买你的产品，他首先衡量的是值不值，投入和所得是不是相等。

因此，消费者认为商品能带来的好处、所具有的价值，才是价格的决定性因素。而根据消费者对产品的心理预期进行定价，消费者才会接受，商品才会卖出最好的价钱！

归根结底，我们所做的是赋予商品不同的价值和价值主张，并让消费者理解和接受，所以价格是消费者定的，是我们所尊奉的“上帝”定的，这一数字就是他们所能接受的心理底线。

3. 认识“上帝”：了解消费者对价格的习惯

价格是“上帝”定的。企业家定价时不仅要了解自己的产品，更要了解消费者心理。消费者都有消费习惯、心理定势，虽然每个消费者的习惯和思维千差万别，但仍然存在共性，认识到这些共性，知己知彼，才能做出更精准的定价。常见的消费者心理习惯有以下四种。

(1) 高价等于高质

当产品质量难以通过其它外部指标判定时，就只能用价格来判定。商品价格高，消费者得到的信号是质量好；商品价格低，消费者得出的结论是便宜没好货，因此价格低廉的产品不一定就卖得好。

(2) 高贵等于尊贵

消费者对价格的心理感受还有一种共性，那就是高贵等于尊贵，价格越贵就越珍贵，消费者感觉价格贵的商品更能体现自己的价值品味。所以说，不能把降价作为经常性手段，那是自贬身价。

(3) 不是买便宜，而是占便宜

消费者不是因为你便宜就买，而是为了占便宜。不同目标的消费者，对产品的品牌喜好度、认知度、忠诚度完全不同，所以说要尽量让消费者在心理上感觉占到了便宜。

(4) 追高，不追低

商品价格一降再降，消费者却仍然捂着钱袋；商品价格一涨再涨，却有很多人蜂拥购买。中国的股市、楼市，就是这种消费者心理的真实写照。消费者难道不愿意花最少的钱，买到价值最高的商品吗？为什么倒过来了？因为他们害怕风险。他们对商品的认知有限，认为规避风险最好的方法就是随大流，会不惜代价去跟进，做出不理智的购买决定。你要告诉顾客，赶快做出购买决定，未来的涨价将在所难免，早买永远是合算的。

表 4－1　常见的消费心理与定价对策

消费心理	对　策
高价等于高质	低价不一定卖得好
高贵等于尊贵	不能把降价作为经常性手段，那是自贬身价
不是买便宜，而是占便宜	尽量让消费者在心理上感觉占到了便宜
追高，不追低	你要告诉顾客，赶快做出购买决定，未来的涨价将在所难免，早买永远是合算的

4. 价值计算：不记苦劳，只记功劳

10 元变 48 元

有一家工业企业专门生产垫圈，他们通过技术创新

以后，把垫圈的寿命延长了三倍，也就是说，这个垫圈的价值比从前有了很大提高。

那么，这家企业该怎么计算价格呢？首先，新产品的使用寿命是原来的三倍，如果老产品卖 10 元一个，那么一个新产品的使用时间顶三个老产品，你买三个老产品要花 30 元。其次，新产品的使用寿命长了，节省了人工费用，因为它不需要频繁更换，不需要停机，不需要检验了，三次更换的人工费用，如果每次 5 元，那就是 15 元。第三，产品使用周期长、稳定性好，可以节省管理费用，你在使用新产品过程中，不需要随时检修，算出来节省费用又是 15 元。

同时，因为推出新产品，又增加了更多服务，可以进行产品使用培训，追加服务和培训的价值还没有算进来，就已经是 60 元了。60 元可以让利打八折，最后报价 48 元。原来只卖 10 元的东西，现在卖成了 48 元。

价格取决于消费者感知到的商品价值。然而，让消费者知道商品的价值，理解商品的价值，这是最困难的。我们找到了工具，可以通过计算，为消费者把价值算出来。

如今的社会需要用价值去推动才能实现良性发展，所以消费者买商品，应该是用功劳去计价，而不是用苦劳去计价，应该用价值去计价，而不是用成本去计价。

消费者在买一件商品的时候，无外乎有两个可能性：

一是投资回报，即有哪些好处、哪些价值，我们要计算出来；

二是能否降低成本，节省费用，我们也要计算出来。

那么，商品的价值怎么体现呢？我认为体现在以下三个方面：第一，为消费者创造了利益；第二，节省成本，节省时间，让消费者方便；第三，体现价值主张，通过广告、卖点宣传、包装和对消费者诉求的理解，让消费者接受价值主张。

我前文提到的那个做广告牌的老总，他在研习了定价策略后告诉我：知道该怎么定价了。

（1）计算广告牌的价值，统计车流量、人流量、广告牌的覆盖率、千人成本率，以及与其它媒体相比较的优势。

（2）根据产品价值，抓住我们的目标客户群，知道自己要找的是什么类型的客户。

（3）重新包装，进行设计创新。

三个月后，这个同学非常激动地告诉我，这块广告牌原来的成交价格是 14.7 万元，而且客户还不能接受，现在 47 万元卖掉了。我当时没有告诉他，其实一块广告牌 47 万元还不够，还可以把价值再升级，卖到 80 万元，甚至 120 万元！

我们要用价值把消费者的利益算出来，还要告诉消费者我们的品牌文化、我们的创意、我们的商誉、我们的附加服务，那将是更高的价值！

5. 价值锁定：宝剑赠英雄，红粉送佳人

卖石头

我曾听过一个卖石头的故事。一位禅师为了启发他的门徒，给他一块很美丽的石头，叫他去菜市场试着卖掉。禅师说："不要卖掉它，只是试着卖掉它，要注意观察，它在菜市场能卖多少钱？"

在菜市场，许多人看着石头想：它可以做很好的摆

件，我们的孩子也可以拿着玩，或者可以当秤砣，或者用来腌菜，所以他们出价不过几个硬币。徒弟回来后说："它最多卖几个硬币。"

师父说："现在你去黄金市场，问问那儿的人。"从黄金市场回来，徒弟很高兴地说："这些人太棒了，他们乐意出1000块钱。"

师父说："现在你去珠宝商那里。"他去了珠宝商那里，简直不敢相信，他们竟然乐意出5万块钱。他不愿意卖，他们继续抬高价格——10万元、20万元、30万元……他不敢相信，他觉得这些人疯了！

徒弟回来后，师父拿回石头说："现在你明白了，认识石头的价值要看你是不是有试金石、理解力。如果你生活在菜市场，那么你只有那个市场的理解力，就永远不会认识到更高的价值。"

一个广告牌卖47万元，算高吗？在某些客户眼里，已经是天价，而在另外一些客户眼里还不算高，因为不同客户对商品价值的认识程度有差别。

同样是一个来自法国顶级奢侈品牌的皮包，有的人可能认为它的价值只有几十元钱，而有的人却觉得几万元都不一定买得到！如果你不了解这个皮包的选材、工艺、设计，不了解这个品牌的历史传承、文化内涵和尊贵象征，你就认识不到它的价值。

如何让消费者心甘情愿地接受商品的高价？这就需要对消费者进行价值塑造，让消费者对商品价值进行再认识。价值是一种心理的感知，认为值的消费者，就愿意出更好的价，也就是所谓的“宝剑赠英雄，红粉送佳人”，企业家要让消费者“识货”。

6. 苹果手机又涨价了

有一种商品每次都在提价，而且是大幅提价，但是它的消费者不但没有因为提价而离去，相反却趋之若鹜，是什么商品这么厉害？

这就是苹果手机！2017 年 9 月 13 日，苹果发布了最新款的手机 iPhone X，其中“X”是罗马数字“10”的意思，代表着苹果公司向 iPhone 问世十周年致敬。由于新一代 iPhone X 采用全新界面设计，搭载色彩锐利的 OLED 屏幕，并首次应用人脸识别系统，定价也贵得令人咋舌——中国大陆起售价高达 8388 元，美国起售价为 999 美元。再度刷新了苹果手机的价格，成为有史以来价格最高的苹果手机。

在国产手机竞争白热化的今天，苹果手机的价格可以说一直处于高冷状态。从苹果手机进入中国市场开始，一直保持在 4999 元左右的起售价，到 iPhone 5 涨至 5288 元，再到 iPhone 7 发售时是 5388 元，等到 iPhone 8 和 iPhone X 上市时，起售价已经高达 5888 元和 8388 元。

随着近年来购买苹果手机人数的逐渐增多，其边际成本肯定会逐年降低，按照成本定价法，应该降价才对。可是如果根据价值定价法去计算，似乎还有提价的空间。

那些购买 iPhone X 的消费者，似乎更加认同苹果手机价值计算的方法，苹果公司也从来不用成本定价。他们能提供的是苹果手机独有的人性化且极为稳定的操作系统、良好的用户体验、精致的外观设计、完善的售后服务、新机型所搭载的最先进技术，以及始终定位高端的企业品牌形象，等等。

如果站在消费者的角度，为他们计算价值，他们显然愿意为这样的产品和服务支付相应的价格，这就是价值定价的魅力。

7. 价值塑造：横看成岭侧成峰

不吃廉价的药

有一天，我感冒了，去医院看病，医生确诊后，开药时我坚持要泰诺。医生告诉我，其他感冒药的疗效也是一样的，可我还是坚持要开泰诺。因为我认为，这是世界知名品牌，它早已传递给我一个价值形象——快速缓解感冒。

全世界的感冒药品牌有几百个，康泰克、泰诺、白加黑……功能都是治感冒。从医生的角度看，感冒药都是一样的，因为只要能治病就好，但是从患者的角度看，却是不一样的。不同厂家向顾客传达的价值不一样，其他感冒药没有像泰诺一样塑造价值，或者说价值塑造还不够，所以泰诺成为这个市场上的知名药品。

一种商品的价值，其实往往“横看成岭侧成峰”，要“岭”是“岭”，要“峰”则是“峰”，一个产品有多个特点，看你怎么去塑造，你要根据市场情况和产品的主要优点，找到市场最能接受的卖点。

过去，我们一块香皂打天下，洗手、洗头、洗澡都用香皂，现在不一样了，宝洁推出了各种洗发水，还不断推陈出新：海飞丝主打去屑，飘柔专门柔顺秀发，潘婷主攻健康养发……子品牌下面又细分了好多种，适用干性、中性、油性发质的，草本的，几合一的……不是商品本身不同，而是为了体现不同的价值主张。

保健品的定价不是按成本的，而是按“保健概念”。保健品的制造成本通常在出厂价的20%以内，但概念特别多，补肾的、补钙的、补血的、养颜的……保健品的定价特点就是宣扬一种价值主张，做大量的广告，直到深入人心，最后就可以定出高价。我们先不论保健品是否真有那么大的差异性，通过他们的宣传和价值主张，消费者其实已经接受了产品的价值和这样的高价。

企业管理者有一个根本的责任，就是把同类的东西卖得不同。价值主张是一种选择，它不可能覆盖全部优点，每一种价值主张都指向一个明确的目标人群，相当

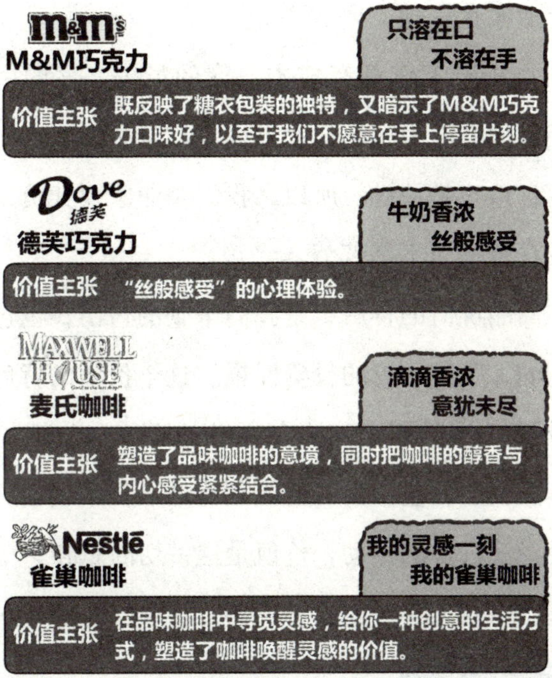

图4－2　不同品牌的价值主张

于把顾客需求细分，把顾客细分。

8. 企业家是价值专家

企业家应该是价值专家，他必须让消费者、员工、团队、社会、政府，让所有和他合作的人，包括经销商和供应商，理解产品的价值，让员工为企业创造价值。

企业家在管理上要“不记苦劳，只记功劳”，我们所做的每一项工作都有成本，你的员工、你的房租水电，不管你的产品好坏，都有成本，但是怎么把工作变成价值，这才是关键。所以，我们企业家要让员工把工作变成功劳，而不是苦劳。

在商品价值的背后，是我们辛勤的付出，也包括我们的利润，我们所有的投资回报。这个价值的背后，也意味着我们对国家、对社会所做的贡献，包括税收贡献、解决就业，包括员工的福利待遇、技术创新，以及对社会经济进步的推动，价值是这一切的总和。

定价早知道

企业家的成本与价值

如何宣扬你的价值主张？

(1) 抓住商品所要锁定的客户群体，打造最引人注目的焦点，集中力量于单一的价值承诺。

(2) 找出消费者想要的东西，如消费利益和附加利益——身份、地位、情感以及心理上的享受。

企业家的成本	企业家的价值	企业家价值沟通的对象
员工工资	员工的生存与发展	员工
生产设备	消费者满意度	消费者
厂房租金	企业的生存与发展	企业
原材料	技术创新	经销商、供应商
管理、营销费用	合作伙伴的共赢	社会
……	推动社会发展	国家
	国家的认可	……
	……	

图4－3　企业家的成本与价值

（3）所提出的主张必须是真实、可信的，必须是其他产品所没有的，必须是具有销售力的。

9. 定价过程是与消费者的博弈

价格的心理极限

巴黎的迪斯尼乐园于 1992 年 4 月开业，然而在 1992—1994 年间，他们的日子并不好过。到了 1994 年，每天的亏损高达 100 万美元。

一项市场调查认为，法国顾客对主题公园门票的心理极限是 200 法郎，也就是说法国人不愿意购买超过 200 法郎的门票。于是，迪斯尼乐园悬崖勒马，1995 年将门票从 250 法郎降到 195 法郎，当年的游客数量就剧

增了23%，实现了营业利润。

显然，迪斯尼一开始并不了解顾客的心理价位和临界点在哪里。在随后的几年里，法国家庭对超过200法郎门票价格的抵触已经消失，他们的价格承受点开始上移，迪斯尼又开始重新定价，2000年门票价格又上升到220法郎。

我们前面已经论述过，最成功的定价是能创造最大利润的定价，其实就是挑战消费者的价格极限，找到消费者的价格承受极限，然后定在这个点上。因此，在定价之前，我们必须做好以下工作。

（1）在最终价格确定之前，市场调查是必不可少的。

（2）尽可能多地掌握目标顾客的各种信息，包括收入、消费偏好、购物心理……

（3）研究消费者对该类产品的价格接受程度，确定最佳心理价位及最高心理价位。一般而言，每类产品都会有一定的价格范围，超出这个范围便会让人难以接受。

（4）进行实地价格试验，跟踪顾客对价格的接受方式和拒绝方式。

柯达曾经推出过一款一次成像相机，在总裁对股东的报告中，他引用了市场调研数据："根据对一次成像相机市场的研究，我们发现 40 美元是受访者是否会产生购买欲望的分界线。"最终，这款相机的零售价定在 39.95 美元。

10. 确定最后的价格数字

肯定会有老总要问，顾客最高支付意愿的数字是怎么出来的呢？我们还以柯达一次成像相机的调查结果为例。

首先，公司根据定价委员会和各方专家的论证，给出了 150 美元、80 美元和 40 美元的模拟定价，要求受访者按七种程度（从"绝不购买"到"绝对购买"）说明其购买欲望。

表 4－2　不同购买欲望的消费者期望价格比例

序号	购买欲望	假定价格		
		150 美元	80 美元	40 美元
1	绝对购买	4%	5%	15%
2	绝对至可能之间	—	—	2%

（续表）

序号	购买欲望	假定价格		
		150 美元	80 美元	40 美元
3	可能购买	7%	14%	30%
4	可能至可能不之间	1%	2%	4%
5	可能不购买	22%	24%	18%
6	可能不至绝不之间	2%	2%	1%
7	绝不购买	65%	54%	30%

然后，公司把前三项“绝对购买”“绝对至可能之间”“可能购买”的受访者视为可能的顾客，对数据进行总结：价格为 40 美元时，潜在客户的比例为 15%+2%+30%=47%；价格为 80 美元时，潜在客户的比例为 19%；价格为 150 美元时，潜在客户比例为 11%。在 40×47%、80×19%与 150×11%之间比较，价格为 40 美元时获得更多销售收入的可能性最大。

另外一种方法是价格试验。在不同地区，选择几种不同的价位，进行一段时间的测试，观察和统计消费者的实际购买行为和反应，再根据测试结果的统计，选择获得收入最大的价位。这种测试方式要求产品必须已经上市，而且测试地区的情况应该基本相同。

当然，为了让最后的价格数字计算得更精确，还要综合考虑各项因素，如图 4-4 所示。

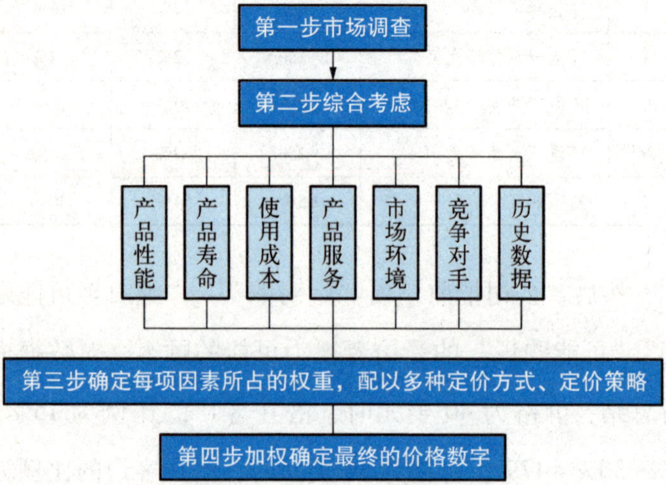

图 4-4　价格确定的步骤

第二节 小数点定价——尾数带 9 的魔力

关于这个方法，大家可以回想一下在超市看到的商品标签，几乎无一例外都是在小数点后面有两个数字，比如 19.99 元、28.88 元、38.99 元等。与此同时，我们几乎很难看到商品标价出现整数的。

这就说明很多企业正在运用小数点定价法，这种定价法的好处是：一方面可以吸引消费者，研究资料表明绝大多数的消费者都比较偏好 7、8、9 这样的数字；另一方面，一旦我们要运用折扣定价法，给我们的产品售价打六折、七折或者八折，没有多少消费者可以很快算出 38.99 元的八折是多少钱，从而有助于缩短他们下单的思考时间。

1. 数字的心理暗示

在举重运动中，500 磅的重量曾一直被认为是人类不可逾越的极限。前苏联运动员阿历克谢以及其他高水平运动员，以前都曾举起过离这个界限相差很少的重量，但从未达到或超过。

有一次，教练告诉阿历克谢，他举起来的将是一个新的世界纪录——499.9 磅。结果他举了起来，教练称了重量，并指给他看，实际上是 501.5 磅！

教练把 500 磅以上故意说成 499.9 磅，让阿历克谢没有了心理负担，完成了飞跃。这个例子说明，数字对人的心理暗示作用是如此巨大，同样的道理，这种心理暗示也适用于消费者。

当顾客花 9.98 元买一个打火机时，他觉得只花了几块钱，而当他花 10.02 元买一个打火机时，他心理感觉是花了十多块钱，而实质的价格差异，只有几分钱。

我到美国、德国等发达国家的时候，发现他们商店里的商品，基本上没有整数价。99、99.9、99.99、

199.99、1699.99……他们似乎对 9 这个数字情有独钟，不厌其烦地弄出那么多数字和位数来。

这绝非偶然，带数字 9 的报价真的好像有魔力一样，最能引发购买欲。调查发现，美国生意最好、利润排行处于前 20%的餐馆，菜价中都带数字 9。

宝洁公司也有过类似的体验，他们原来有款产品定价是 34 元，后来定价改到 39 元，贵了反而卖得好，比原来多卖了三分之一！

小数点定价一般适用于中低档商品，尤其是日用百货，因为对于这类商品而言，价格因素对消费者购买决策的影响较大，而高档商品一般都用整数定价，显示商品的尊贵性。

2. 尾数定价的魔力

第一，尾数定价给消费者的感觉是精心计算出来的，连几角几分都算得清清楚楚，进而会产生一种信任感；

第二，能够让消费者感觉价格更低，心理上容易接受。

第三，使用尾数定价，打折更方便。比如，定价9999.9元，我可以让掉一个9，或让掉9.9元，如果定价是一万元，打九折，你的商品就只能卖9000元了。

第四，可以产生更多的寓意，如168元的谐音是“一路发”，518元的谐音是“我要发”。

当然，企业要想真正打开销路，还是要以优质的产品作为后盾，充分挖掘商品的价值，过分看重数字的心理功能，最后只能成为数字游戏，哗众取宠。

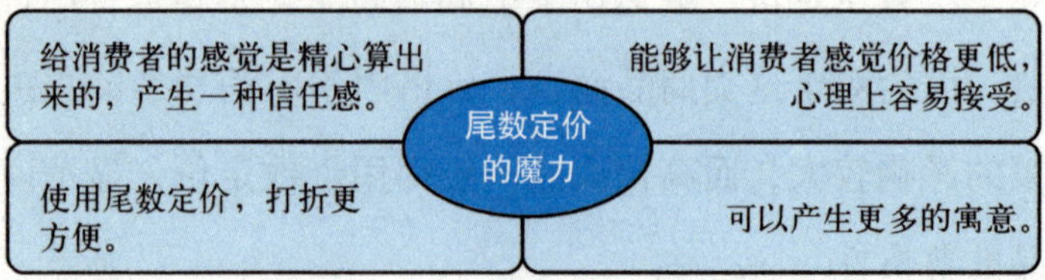

图4－5 尾数定价的魔力

第三节
特价品定价——吆喝羊头卖狗肉

第三种定价方法是特价品定价法，这是一种十分符合互联网商业思维的方法。所谓的特价品定价法，指的是在企业所有产品中，特意拿出一定比例的产品，将它们的价格定得很低，以此来吸引用户。

1. 特价商品的诱惑

比如在家乐福超市的两万件商品里面，大概就会有3%的特价品，差不多600件。实际上，这600件商品不是用来销售获取利润的，而是一个个吸引消费者的有力武器。用互联网商业思维来分析，它们就是典型的“引流产品”。

除了这些引流产品之外，在剩下的19400件商品里面，还会有两类产品：一类称作利润商品，另一类则是销量商品。从它们的名称就可以看出来，所谓销量商品的目的是为了走量，从而增加企业收入，而利润商品的目的也很明确，那就是要获得高额利润。之所以会有这三类商品，其实源于一个商业原理：并不是企业的所有产品都需要赚钱，要有主次之分，必须进行优化组合。

精明的富士

1984 年 7 月，日本富士公司业务主管藤野先生飞抵东南亚的一个发展中国家，计划与该国某公司签订一个从日本进口复印机的合同，不料却被告知，对方不打算签合同了。藤野先生知道其中一定有原因，马上回日本了解情况。

经过调查得知，另一家日本企业以较低的价格抢走了他们的生意。三天后，藤野再次坐在这家东南亚公司老板的面前，开门见山地说："我们提供的 B 型复印机价格比他们低三成。"这位公司老板心中暗喜，重新与富士签订了进口 1500 台 B 型复印机的合同。此后，藤野立即飞回日本，以再加一成价格的优惠，与专门生产

B 型复印机的厂家签订经销权合约，同时签订了由富士独家经营该公司 B 型复印机辅助材料和设备的合同。

1500 台复印机如期运往东南亚，由于价格低，富士亏了不少钱，而就在这家公司买回复印机时才恍然大悟，还需要大量的辅助材料和设备。他们只好再次与富士合作，但是这次富士主动权在握，通过出售辅助设备和材料不仅弥补了先前的亏损，还取得了可观的盈利。

消费者或多或少都有喜欢占便宜的心理，我们可以在定价上做更多的发挥。很多商家都会以特价商品作为“诱饵”，来吸引消费者。我们吆喝的是特价商品，大力宣传的是特价商品，而我们实际想让消费者购买的，却是特价品之外的东西，利润更高的东西，这就是吆喝羊头卖狗肉。

2. 醉翁之意不在酒

消费者很容易下单

一家家乐福卖场的商品不会少于两万种，他们的经营策略是在两万种商品里，选出 3%的价格敏感商品作为特价品，让利给消费者，除去这些特价商品之外的其他商品呢？可以分成以下几种：

钻石产品，从法国或其它国家进口的，让消费者没有对比性（高利润）；

黄金铂金产品，一个区域内独家垄断的（高利润）；

贴牌的产品（一般利润）；

一般的、大众类商品（平均利润）；

作为一个卖场，最需要人流，特价商品是引流器，把消费者先引进来，他们不会只买了特价品就走，特价品以外的商品都是赚钱的。

2005 年，宜家家居在伦敦开业时，推行了低价策略，平时宜家的人流量在 2000 人左右，没想到那天来了 6000 人，挤得水泄不通，还差点发生混乱。当然，不是每人都买到了低价商品，但没有人愿意空手而归，白白浪费时间和油钱。由此可见，消费者是那么容易下单，低价商品的诱惑力是如此强大，对消费者的吸引效应立竿见影。

走在街上，你看到一家高档美发店挂出的“洗剪吹”的价格只有 10 元左右。你进去以后，10 元能出来吗？服务员马上会向你推销：你的头发需要护理，面部需要保养，你需要用好一点的洗发水，需要做一个时尚点的发型，最好能办张 5000 块的卡。

你走在餐厅的玻璃窗外，看到里面醒目的大红字：特价菜基围虾 10 元一斤，清蒸鲈鱼 10 元一份，这是真的吗？是的，但是其他菜就不那么实惠了，酒水可能会更贵。首先让消费者进来，然后再重新组合定价。

再回来看家乐福，他能成为最赚钱的零售商之一，不是靠薄利多销，他们是声东击西，醉翁之意不在酒。

第四节
差异化定价——把相同卖得不同

这个世界是千差万别的世界，这个世界也是个千变万化的世界。这就给我们通过差异化定价赚取最高利润创造了机会，我们有什么理由不去利用这种差异化，使利润最大化呢？

所谓差异化定价，就是企业在提供产品或服务时，不是不加区别地向所有客户提供相同的价格，而是综合考虑多种因素，谨慎行使价格浮动权，提供不同的服务价格。

很多产品在功用上是基本相同的，但是会因为消费者在细微处的不同需要而变得不同，所以企业管理者要用价值塑造、价值区隔来夸大这种差异，把基本相同的产品卖出不同价格。

也有很多产品是完全相同的，但因为顾客群不同、顾客对价值的理解不同、顾客购买的时机不同，而定出不同的价格。

定价早知道

实行差异化定价需要的条件

（1）产品有两个或两个以上被分割的市场；

（2）不同市场的价格弹性不同；

（3）低价的细分市场人员不得将产品转手卖到高价的细分市场；

（4）细分和控制市场的成本不应超过差异化定价所获得的额外收入；

（5）实行这种定价方法不能引起顾客的反感和敌意；

（6）差异化定价的特定形式应该是合法的。

1. 给商品分三六九等

松茸变成了鹿茸?

在我的老家云南，出产一种野生蘑菇叫松茸，日本人是松茸的主要收购者之一。日本人到我们当地去收购松茸，都是按公斤计算，但是他们带回国去以后，不再按公斤销售，而是按枝。他们将松茸分成上百种等级，从品相、色彩、完整性等方面进行区分，然后再重新定制包装，起不同的名字，总价居然变为收购价的 100 倍!

商品还是那些商品，松茸没有因为远渡东洋就变成了鹿茸，可是经过重新分类，他们的身价却翻了 100 倍，价格也分出了三六九等，这难道不是定价的魔力吗?

我们必须通过定价把产品区隔出来，变得更加差异化。比如，四季酒店把房间分成九种类型 18 种价格，他们的差异化分类标准如下:

✓ 按顾客的身份和功用进行分类：普通房、豪华房、豪华套房、行政套房、行政豪华房、副总统套房、总统套房……

✓ 房间的物品配置、装修程度、面积大小，以及服务档次……

✓ 房间的朝向、楼层的高低……

原来我在当跆拳道馆当总教练的时候，我们有一个健身院，也是差异化定价。

✓ 按时间长短：分为小时价、日价、月价、年价；

✓ 按时段：白天价、夜间价、周末价；

✓ 按健身内容：增加肌肉的价格、减肥的价格；

✓ 特殊服务：不请教练的价格、请私人教练的价格（教练也分为一级、二级、三级不同级别）；

✓ 特殊设施：使用专业设施的价格、使用非专业设施的价格。

很多技术性行业完全可以依据技术等级不同而做出差异化定价，比如美容院的美容美发师，可以分成发型总监、创意总监等不同级别，律师、会计师都可以分等级计价。在今天的市场上，任何公司、任何产品都可以依据品质和服务的不同，而进行不同的定价，赚取最多的利润。

2. 见人下菜碟

戴上有色眼镜

某杂志社出版发行一本商务类杂志，面向的读者群是企业经理和财经、管理专业的学生。假设有两位读者，一位是经理，一位是学生，杂志对经理的价值是20元，对学生的价值是15元，每本杂志的成本是5元，如果以同一价格15元，卖给两位顾客，总利润是20元。

杂志社也可以提高价格，把学生排除出目标读者群，此时价格可以为20元，利润为15元。比较这两个方案，价格为15元时利润较高。但如果杂志社可以对不同顾客确定不同的价格，情况就不一样了，向企业经理收20元，向学生收15元，加起来的利润就是25元！

差异化定价其实是价值定价的充分体现，价格的高低取决于商品对于消费者的价值，即消费者愿意支付的价格。最理想的价格应该让感觉价值高的顾客多付钱，感觉价值低的顾客少付钱，让商品认钱又认人。

因人而异的定价方法适用于服务，而不是商品，因为服务很难转手。对于不好分别的顾客，必须要经过有效的身份认证，学生享受火车票优惠要凭学生证买票；宾馆给 60 岁以上老人打折，要看身份证上的出生年月。

还有一种差别，也是针对不同人群的。我们去肯德基吃饭，经常看到一些拿着优惠券的顾客，他们会细心收集各种优惠券，以便在必要时使用。而另外一些对价格不敏感的顾客，会直接按原价消费，这种价格差异可以把顾客细分为精明型、忙碌型。

3. 向街头小贩学定价

定价是斗智斗勇的游戏

有时候，我们真应该向街头摆地摊的小贩学习，其实他们是深谙定价之道的。他们在每次和顾客讨价还价当中，在察颜观色当中，在斗智斗勇当中，不断试探顾客的价格心理底线，定价就在讨价还价中完成了。

对购买欲望强烈、价值感受高的人，成交的价格就高；对于那些犹豫不绝、可买可不买的客人，可能成交价格就相对低一些。也就是说，每个顾客最后成交的价格都不一样，一人一价。

当你走进二手车市场，那些热情的销售人员似乎非常关心你，主动和你拉家常、套近乎，问你的职业，问你的家庭情况，问你的兴趣爱好。难道他们真的想和你做好朋友吗？不是，他们是在了解你的信息，然后迅速判断你的支付能力、购买欲望和价格底线！

其实，绝大多数商品、绝大多数行业都在运用街头小贩的定价方式，争取做到一人一价。家具市场、建材市场、服装市场……甚至在电器大卖场里，冰箱、彩电都有价格回旋余地。

如今，企业或经销商都会给销售人员以越来越大的定价权，只要告诉他们商品售价的底线，底线之上的利润就由销售人员自主发挥了。如果你处在这一类行业，要培养你的销售人员，使他们能够准确对顾客的情况做出估计，成为定价高手和议价高手。

4. 时移价易

内衣畅销的秘密

德国的奥斯登零售公司经销商品的定价方式就十分成功。例如，奥斯登刚推出一万套内衣外穿的时装时，定价超过普通内衣价格的4~6倍，但销售情况很好，因为这种时装一反过去内外有别的特色，顾客感到很新鲜，有极强的吸引力。

可是，当德国其他品牌相继大批推出这种内衣外穿时装时，奥斯登却将价格一下子骤降到略高于普通内衣的价格，同样一销而光。又过了几个月，当内衣外穿已经不那么吸引人时，奥斯登又以成本价出售，价格还不到普通内衣的60%，从而让这种过时的衣服在奥斯登依然十分畅销。

比起按人群不同做差异化定价，以时间为界限的差异化定价实施起来就容易多了。

✓ 大家都相信先睹为快，有些商品和海鲜一样，越新鲜价值越高，这在消费者心中已经形成共识，给以时间为界实行差异化定价创造了条件。不少新产品或新款式，都是以高价上市，先撇掉一层奶油，然后把价格慢慢放下来，这就是所谓的撇脂定价法。

✓ 一些餐馆准备了两个版本的菜单，同样的菜肴但价格不同，如果顾客预定晚上 6: 30 之后用餐，将比其他时段用餐花费多一些。

平安夜销售的苹果，可以借助“平安”的口彩来提高苹果的价值，当天苹果的价格是平时的几倍。

消费者也接受了航空业的价格策略，相对于几个月前订购三折、四折机票的旅客来说，“最后一分钟”购票的旅客却要为同样航班上的同样座位支付全价，但他们的心态却比较平和。

差异化定价的五种方法

(1) 顾客差别：把同一种商品或服务按照不同的价格卖给不同的顾客。

例如，公园、旅游景点将顾客分为学生、老人和一般游客，对学生和老人收取较低费用。

（2）产品形式差别：按产品的不同型号和样式制定不同的价格，但不同型号或样式的产品，其价格差额和成本差额是不成比例的。

例如，60英寸彩电比55英寸彩电的价格高出一大截，可其成本差额远没有那么大。

（3）形象差别：企业可以对同一产品采用不同的包装或商标，塑造不同的形象。

如化妆品公司将香水加入普通瓶中，售价20元，也可以用更华丽的瓶子装，赋予不同的名称和形象，定价200元。

（4）地点差别：对处于不同地域、不同消费水平地区的产品和服务制定不同的价格。

比如一种治疗糖尿病的药，在产地美国卖46美元一疗程，在经济水平相对较低的邻国墨西哥只卖7美元。

（5）时间差别：价格随着季节、日期甚至一天中的时间变化而变化。

比如，大部分的宾馆都有午夜房，相同的房间会因入住的时间不同而价格差距很大。

第五节
目标客户定价——让顾客各就各位

别让有钱人逃离高消费

我住的小区是一个高档小区，小区里环境优美，会所、餐厅一应俱全，绿化也非常好，像公园一样。虽然处在同一地段，但这个小区的价格却是周围小区的两倍。有时候，我会看到一些周围小区的居民想到我们小区里散步或者借道通行，但都被负责任的保安拒之门外，所以小区相对独立和幽静，虽然价格高，但仍然一房难求。

如果每个人都打得起高尔夫球，那么企业家就会逃离高尔夫球场；如果吃西餐像大排档一样成为平民消费，那么社会精英就不会再光顾西餐厅……挥舞好你的价格指挥棒，这是让不同客户各就各位的最好办法，也是区隔高端与低端客户的无形屏障。

我们定价的策略来自目标客户，你锁定的客户群体不同，定价模式也会发生改变。

- ✓ 高端客户对价格不敏感，针对这一消费群体，你应该加强价值诉求、优化环境、提升服务层次。
- ✓ 低端消费者对价格相当敏感，针对这样的消费群体，你需要的是低成本和规模化战略，靠量来满足消费者。

针对不同的目标客户进行定价，区分高端与低端，也不是一劳永逸的。高端客户不是冤大头，并不都是老老实实地支付高价，当他发现自己的空间被低端客户侵蚀，就会选择离开。

你必须解决一个问题：如何恰当并有效地区分顾客？谁该支付高价，谁会支付低价，让消费者们各就各位，并保证高端市场与低端市场不能有重叠，不能相互影响。

低价要付出代价

纽约百老汇的戏票价格不菲，普通老百姓一般都望而却步，而另一方面演出也不可能场场爆满。那些空座要是能在开演前打折卖出，剧院的收入就会提高，低收入观众也能满足观看愿望。但是如果大家都知道临开场会有廉价票，高端客户就不会提前以高价购票。如何将多余的戏票廉价出售，而又不影响以全价买票的观众的消费感受呢？

位于时代广场的票务中心起到的正是这一作用。票务中心集中出售百老汇的当天余票，有的剧院甚至在晚上8点临近开场才将多余的票送往中心，那时的票价不是5折便是7折，因此每天购票的队伍长蛇蜿蜒，而且排队一两个小时，还不知道能否买到想要的戏票。

百老汇给廉价戏票设置了两道障碍：首先，只有当天的演出才打折，你没法从容安排你的时间；其次，打折票并不在各剧院出售，而是集中出售，购买不同戏票的人要一起排队，既增加了等候的时间，又加大了等候的风险，可能你好不容易排到售票窗口，你要的票却没有了。让那些高端客户排队在街上等候，他们是难以接受的。

1. 不同客户匹配不同资源

贴心的保时捷

保时捷是汽车行业的领军品牌，他们出售每辆车的平均收益要比其他品牌高得多。面对低成本运动赛车的挑战，保时捷为顾客提供什么样的优质服务而留住客户呢？经过研究发现，保时捷的大部分客户经常乘飞机外出，对于车主而言，保时捷汽车就是一颗珍贵的宝石，你不可能将视若宝石的汽车扔在机场的露天停车场。

因此，保时捷公司与安飞士汽车租赁公司达成协议：保时捷车主在乘机前，可以把车存放在安飞士公司的停车场，由他们精心保管。这对安飞士公司也是不错的交易，因为他们可以向车主推荐目的地的租车业务。当然，最主要的是让保时捷车主感到，他们的确购买了一件超值的商品。

针对不同目标客户群体的定价，不能让高端和低端的产品、服务都一样，而是要严格区分，你的价格越高，品质、服务和匹配的资源也要高。

美国西南航空的定位模式是低价策略，低价策略主要来自于低成本，西南航空借助低成本优势，获得了航空业最高的利润率。同时，也有另外一家航空公司——新加坡航空与西南航空的模式截然不同，他们锁定高端，坚持最贵的机票、最好的飞机、最优的服务。理由很简单，他们砍掉一些不赚钱的客户，聚焦在最好的客户身上，为他们提供最好的服务，同样也很成功。

2. 在每个阵地上都放一支队伍

磁石效应

心理学家做过一个实验：当市场上只有 109 美元和 179 美元两档微波炉时，45%的顾客购买后者。后来，又推出了价格为 199 美元的更高档的产品，你一定会认为，购买 179 美元微波炉的顾客比例会降低，因为其中的一部分会转而购买 199 美元的了。

错了！实验发现，当更高档的产品出现后，购买179美元产品的比例居然上升到60%。这一比例的提高，完全是因为原来购买109美元产品的消费者转到了179美元的行列。最高端的产品好比是一块磁石，将一部分消费者从低端拉到中端。

为一种产品拉一条垂直的价格线，对消费者接受不同的价格非常有用。以高价产品为磁石，将消费者吸引到中价位产品，远离低价产品，这种定价方法就是利用了消费者规避极端的心理：别买太好太贵的，也别买太次太便宜的。

通用汽车原董事长斯隆先生曾说过："依我看，在每个价位都应该有一辆我们的汽车，正如将军部署战斗一样，在每个可能被袭击的阵地，都要有一支队伍！"

高端产品要定一个高价，以彰显品牌价值，而真正的主流产品不在高端市场，由于高端品牌吸引作用，使中档产品得到更多的关注，而且销量往往还不错。即使中低端市场采取降价等竞争手段，也因为高端市场高价格的存在，不至于破坏品牌形象。

高端产品保利润，低端产品保份额，企业要在高、中、低端市场垂直扩张，提供完整的产品选择和价格体系选择。

第六节
高开低走定价——调价在不知不觉中

可以方便调节的价格

我们《赢利模式》课程中有一个同学，在广东经营歌厅，定位为高端消费群体，歌曲多、音效好、环境好、服务好，他的定价策略就是让价格由低到高。一开始，他定了高价，但因为知名度不高，所以价格最低打到两折，消费者感觉占到了便宜，新老顾客接踵而来，以至于经常排队。等知名度高了，口碑好了，折扣就开始减少，最后慢慢又回归到本身的价值。通过折扣大小来调节顾客的流量，这和单一定价的效果是完全不一样的。

孙悟空的如意金箍棒能高能低，能大能小，收放自如，如果你的价格“指挥棒”也能这样收放自如，在市场环境不好、顾客需求不大的时候，价格逐渐收缩；而在需求旺盛、顾客价值感受提高的时候，又能随时提高，在顾客不知不觉当中变化价格，那是一种很有效的营销管理方式。

高开低走，顾名思义就是价格先定得高一些，然后根据市场状况和消费者需求度，以折扣程度为杠杆不断进行调整，紧跟市场变化的一种定价策略。

✓ 消费者在购买商品的时候，都有想占便宜的心理，所以我们定价的时候，要让消费者感觉占了便宜。

可以把商品价格先定高一些，比如说定价 7000 元，然后打折的幅度大一些，打七折就是 4900 元，一下子少了 2100 元，这和直接定价 4900 元的感觉完全不一样。

✓ 消费者做出购买决定的时候，首先都会有一个参考值，要先给消费者一个高价值的参考值。

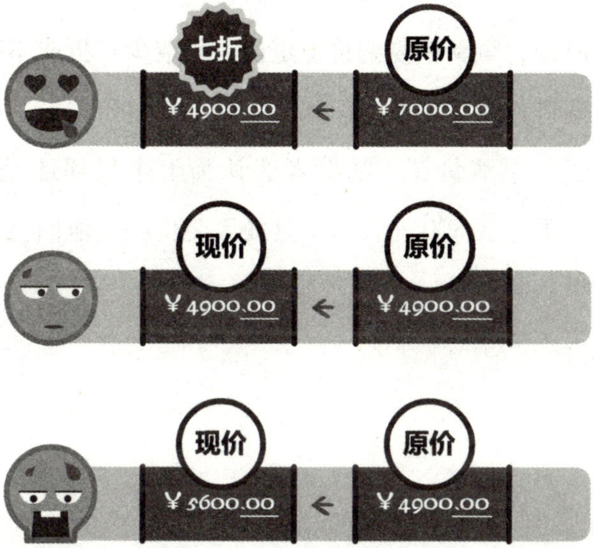

图4－6　定价要高开低走

不是所有的消费者都会做横向比较，所以他们内心的参考值就是你原来的价格，通过纵向比较得来的。他们会认为原来的定价就是商品本身的价值，打折之后消费者感觉占到了便宜，心理非常舒服，就会迅速做出购买决定。

✓ 价格高开意味着你有更大的回旋空间。

你可以在市场环境好、产品得到认可、价值得到体现的时候，重新恢复到价值定价，采取少打折或不打折的方法进行隐性提价。但如果一开始你定价很低，等生意好了，想涨价了，消费者会认为上个星期还是 300 元，今天就要 800 元，这不是漫天要价吗？他们会有一种被欺骗的感觉。

第七节
折扣定价——绑住消费者

对于老顾客来说，他们采购量大，品牌忠诚度高，那么你要给他折扣，这似乎已经是人之常情。你也许会问我：折扣不就是降价吗？价格不是最大的杠杆吗？降价不是有损利润吗？

在美容业和餐饮业，很多商家都会推出会员卡，也就是折扣销售，比如你办一张卡，最低的面值也要2000元，2000元的卡可能只能打八折，你要想打到五折甚至更多，至少要买面值5000元的卡。

客户买了大面值的卡，钱都存在你的账下，卡的面值越大，就和你绑得越牢，你的经营模式就会发生改变。

✓ 大客户进来，消费数量多，容易发展规模化经营。

✓ 拴住客户持续消费，不让他们转投别处。营销上有句名言：开发一个新客户是服务老客户成本的五倍，所以这样减少了大量的营销成本、开发成本。

✓ 买了年卡的消费者，不是每一个都能消费完。比如我们曾经经营的那个健身院，买月卡的顾客明显经常光顾，而买年卡的顾客有时候一个月都看不到一次。更有甚者，有的客户如果把一年内所有的健身时间加起来，再乘以按小时计算的单价，总额还不到年卡价格的一半。

✓ 如果你的企业缺少现金流周转，这也不失为一种融资策略，把消费者的钱提前预支。

定价早知道

折扣的种类

(1) 数量折扣

按购买数量的多少，分别给予不同的折扣，购买数量越多，折扣越大。

目的：鼓励客户大量购买产品，绑住老客户，促进产品多销、快销。

注意事项：要保证因单位产品利润减少而产生的损失，可以从销量的增加中得到补偿。

(2) 现金折扣

对在规定的时间内提前付款或用现金付款的客户给予一定的价格折扣。

目的：鼓励顾客尽早付款，加速资金周转，减少财务风险。

注意事项：要重点考虑三个因素——折扣比例、给予折扣的时间限制、付清全部货款的期限。

(3) 功能折扣

因中间商在分销过程中承担的功能、责任和风险不同，企业给予其不同的折扣。

目的：让中间商有一定的盈利，鼓励中间商大批量订货，并与企业建立长期合作关系。

注意事项：要综合考虑中间商在分销渠道中的地位、重要性、购买数量、承担的风险、服务水平、履行的商业责任等。

(4) 季节折扣

有些商品的消费有明显的季节性，可以给在淡季购买商品的顾客一定优惠。

目的：使企业的生产和销售在一年四季都能保持相对稳定，有利于减少库存，促进企业均衡生产。

注意事项：确定折扣比例的时候，应考虑成本、储存费用、基础价格和资金利息等因素。

第八节
规模化定价——以量取胜

虽然我们不建议采用成本定价，但是却可以用成本来确定价格的下限，也就是说，产品不能以低于成本的价格出售，因此在定价的时候，必须要考虑成本因素。

规模化定价是指企业的生产能力提升以后，产品的单位成本下降，依据成本制定价格，追求销量的扩大，实现企业经济规模和市场占有率的提升。

在《砍掉成本》一书中，我们系统地介绍了企业各类成本的构成。

✓ 企业生产需要厂房、机械设备等，这方面的成本叫做固定成本。

✓ 企业生产时还要购买原材料、劳动力等，这些成本叫变动成本。

固定成本不随产量的高低而变化，就是说企业如果花了 100 万元在厂房、设备上，那么生产 10 万件产品的固定成本是 100 万元，生产一件产品的固定成本也是 100 万元。

变动成本随着产量的变化而变化，产量越高，使用的劳动力和材料越多，变动成本就越高，但每件产品分摊的固定成本却越低。

因此，在规模比较大、产能比较大的企业里，厂房、机械设备等固定资产形成的固定成本非常大，他们需要规模化生产，将固定成本分摊，把单位产品的成本降低。虽然规模化定价的方法在单位产品上所获得的利润不高，但是如果销量很大的话，总体利润也会很高。

在固定成本高而变动成本很低的行业里，规模化定价显得特别有诱惑力，也最容易爆发价格战。

学完这些定价方法之后，相信大家一定还很关心在参加完那次和记黄埔的会议之后，我有什么样的转变。其实，那次会议还没结束，我就已经悔得肠子都青了，

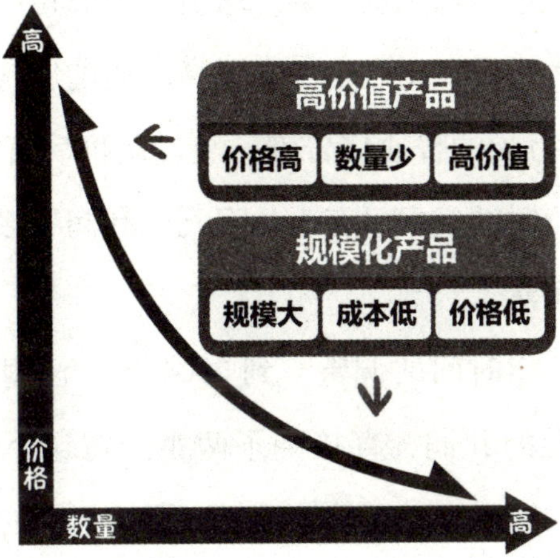

图 4－7　高价值产品与规模化产品特点比较

开完会回到公司，我做的第一件事就是召集全体员工开始培训。

尤其是对于那些一直吵着嚷着要降价的分公司经理，更是这次培训的重点对象，培训的内容就是以“四定法则”为核心的“定价定天下”策略。这次培训的效果非常好，因为会后再也没有一个人来找我提降价了。

然而这还不是我想要的最终结果，因为“定价定天下”的要求恰恰是敢于增值和提价。于是，接下来整个汤姆户外传媒集团的产品几乎全线提价，当然在这之前，我们经过价值创新、系统增值，使公司的产品品质得到了很大提升。正是由于有了高品质的底气，以前一块定价 20 万元的普通广告牌，经过调价后直接提到 65 万元，而当时的成本只有十几万元。利润有多高，可以说是一目了然。

经过一年时间的调整，到 2004 年，汤姆传媒实现了 118 亿元的利润，直接翻了两番。在这个成绩的背后，最大的功臣绝对不是销量，恰恰就是定价。

也正是由于这个原因，为数不少的行动教育学员才会将锁定尖刀产品、经营大鲸鱼用户和定价定天下作为企业利润增长的“三板斧”。而在我们的课程中，定价工作远不止是实现企业利润增长的利器，更是决定企业生死的关键要害。

在下面的章节中，我将为大家介绍如何才能成功提价，把产品卖出一个更好的价钱。

第五章　让你的产品卖出更好的价钱

给产品售价再加个零吧

一个美国商人从外国购进了一批做工精细、质量上乘的礼帽，为了有个好销量，商人把价格定在和一般礼帽一样的水准，都是12美元，可销售情况并没有比别人更好。这让他很困惑，因为这批礼帽真的是非常精致。

有一天，这个商人生病了，他委托邻居帮他代卖这些礼帽，邻居把商人写的价格错看成120美元，结果礼帽被一抢而空。高价吸引了大家的目光，而这个价格又使大家更相信商品的品质——物有所值。

哪个企业家愿意买一送一？哪个企业家愿意挥泪甩卖？哪个企业家不想把 12 美元卖成 120 美元？在低价、折扣、价格战大行其道的今天，把商品卖出好价钱是多少企业家梦寐以求的事情啊！

卖个好价钱，并不像故事里说的那样，是一种偶然、一种巧合，不是简单地在后面加个“0”。

- ✓ 坚持价值创新，创造出其他公司没有提供的价值，聚焦客户能够感知的产品优点，这是定高价的关键。
- ✓ 用情感去创造价值，这是一种低成本的提高价值的方法，但绝对非常有效。

提升品牌形象，改变包装形式，从消费者的感官上增强“吸引力”，人为制造稀缺性，在价格表达方式和付款方式上做文章，这些都是让产品能卖个好价格的强大武器。提升价值的办法就是要强化顾客感知的产品优点、情感体验，同时降低顾客感知的商品价格。

价值感知的计算公式如下：

价值感知 = 产品优点 + 情感体验 - 价格

第一节
价值创新的回报丰厚

为母鸡设计隐形眼镜

世界上总有一些稀奇古怪的想法，但是恐怕再没有比给母鸡戴上隐形眼镜更加离奇的了——动物眼镜公司正在生产和销售玫瑰色的母鸡眼镜。这些眼镜的目的是为了防止产蛋母鸡互相伤害，带上玫瑰色眼镜的母鸡们变得更加成熟温和，极大降低了争斗频率。

动物眼镜公司经过科学计算得出结论，佩戴眼镜的母鸡死亡率从25%下降到不足8%，不仅如此，由于争斗压力减轻，母鸡产蛋量上升，而且不好争斗的母鸡消耗饲料也较少，可以帮助养鸡场在每只鸡身上至少节约50美分，延长鸡的寿命大约一年。安装费为每只5~10美分，每副眼镜的总成本为20~29美分，而鸡场每年每只鸡可以节约成本 50 美分以上，这不是一个小数目！

即使竞争激烈，也不应该单纯降价，而应该提供人无我有的独特价值。企业首先应该考虑如何创造出其他公司没有提供的价值，提高客户感知的产品优点。

新价值不一定要开发新产品才能产生，而是要以填补客户在细微方面的需求为导向。一件裙子定价 70 元，成本是 50 元，可是如果在裙子上绣一组花，追加成本是 5 元，但价格却可定到 100 元。

价值导向创新对企业家提出更高的要求，但成功的企业将得到丰厚的报酬。一项对 108 家企业的调查结果显示，在这些公司的业务中，只有 14%开辟了新市场或新业务，即真正实现价值导向创新，然而这小小的 14%，却贡献了高达 61%的利润！

价值创新有以下三个切入口：

（1）文化创新——人们不再只满足于产品的功能用途，更多地开始追求视觉、听觉或其他感官的享受。

（2）服务创新——在新的经营环境下，产品和服务相比，服务显得更加重要。

（3）附件创新——现在产品本身的获利越来越小，而主要的盈利点在附件上。

第二节
用情感创造价值

卖的就是小故事

有一个叫吉田正夫的日本人，一次他去外地探亲，在市集上看到一位渔民在摆弄一种小虾。这种小虾自幼就习惯于成双成对地生活在石缝中，长大后就再也无法从石缝中游出来，就这样在石缝中度过一生。渔民捕捞后把它们放在清水中，作为观赏性的小动物出售。

吉田正夫想，这些小虾成双成对地在石缝中生活一辈子，难道不正可以作为爱情专一的象征吗？于是，他在东京开了一间店，专门卖这种小虾。他经过精心设计，将人工制作的假山置于小巧玲珑的玻璃箱中，成为小虾的“石房子”，再装饰一些水底植物和彩灯，并放入清水，让小虾在“石房子”中生活得十分安逸。

纪念品上还附有简短说明，把小虾白头偕老的故事，描绘得真切动人，激起了新婚夫妇的共同喜爱，甚至许多老夫老妻看到后也纷纷买回家作纪念。当然，小虾的定价也不会很低。

同样一种东西，换一种方式和角度去经营，收到的效果会完全不一样。吉田正夫遇见的小虾，若是用来煮食可能非常便宜，如果作为观赏品也算不上抢眼，但加上一个动人的故事、一种美好的寓意之后，情况就非比寻常了，顾客花钱多一些也觉得物有所值。

在价值计算公式里，有一个关键词——感知。感知就是主观的感受，为了让你的产品卖个好价钱，除去生产和研发部门在价值上的创造之外，最根本的就是要在主观感受上下功夫。

虽然很多顾客会将价格作为是否购买的重要标准，但有些情况下并非如此。当你把一种产品赋予其内涵、情感、象征意义，与顾客产生情感共鸣时，你会发现，顾客的价格敏感性突然降低，他们会为自己的感性而不惜花大价钱买单。

“不要通过价格去销售，而是要将价格销售出去。”市场营销大师菲利浦·科特勒如是说。

你的产品能传递情感，就可以卖个好价钱，那么你的销售人员在传递情感吗？他们能够很好地传递蕴含在产品中的情感吗？如果他们做到了，也可以大幅度提升你的产品价值。

遇到一个把你当作“上帝”的营业员，你不愿意多花点钱享受一下当“上帝”的感觉吗？一个懂得嘘寒问暖、高素质的营业员，是不是让你感觉他卖的东西价值也很高？

让销售人员在情感上增加投入，效果立竿见影，而且不会增加太多的成本，却能换取顾客的信任，带来品牌价值的提升。

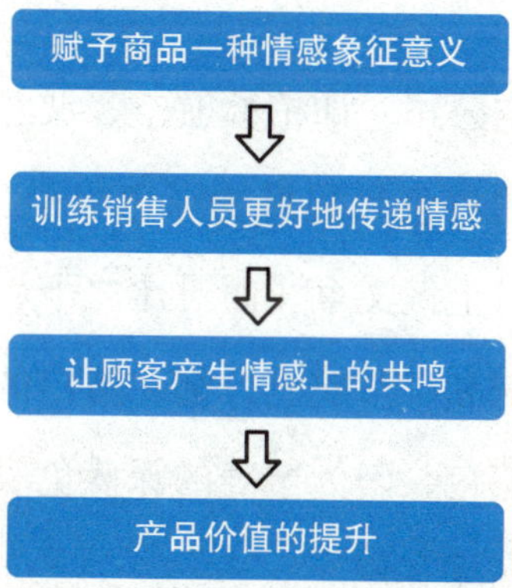

图5－1　用情感提升价值的心理过程

第三节
提升价格的五大道具

道具一：色彩

选择恰当的色彩也可以让你的产品卖出高价。你听说过吗？色彩中隐含着特殊的性质，醒目的色彩吸引大量的目光，安静的色彩表达成功的自信，一种产品带给客户的感觉是高价值还是低价值，往往在色彩上就能露出端倪。

低成本航空公司，如柏林航空、波兰航空，往往采用大红、明亮的黄色和醒目的绿色吸引人们的注意力，以求在顾客数量上做文章，而对比之下，欧洲的顶级航空公司——英航和汉莎航空，都在洁白的飞机机体下侧衬托宁静的深蓝色，因为宁静的深蓝色表达了高贵的气质，能够吸引高端客户。

另外，在广告海报的设计上，高价值的产品也要选用彩色广告来传递信息，而不应该采用黑白广告。

道具二：感官

当顾客能够从感官暗示中获得关于商品高质量的信息时，他们也愿意支付更多的钱。例如，打开鞋盒时透出皮革的香味，通过花店空调系统散发出仿佛刚刚修剪过的青草的味道，都有助于商品卖得更好。这一方法并不仅限于消费者市场，在工业用的清洁剂中添加松脂和柠檬味道的香料，顾客从心理上就能认为其效果更好。

在顾客选购区域播放高雅和古典的音乐，在墙壁空白处挂上几幅艺术作品，让你的商品货架整洁有序，把商品的价格标签做得精美一些，价格数字用美术字体来标记，这一切并不会增加太多的成本，但都会让顾客感觉到你卖的商品是高价值的。

道具三：包装

包装能有效提高商品的价值感受，在同一档次的商品中，包装精美或有创意的更受欢迎。

礼品市场就是一个典型的例子。顾客在选择礼品时，首先根据赠送对象的重要程度决定支付成本，然后在这个范围内挑选合适的商品作为礼物。顾客对价值的判断是“价格在预算之内，质量、数量或品牌、包装能给对方与众不同的印象”。

但是，各大百货商店专为节日设计的商品，总是那些一成不变的东西和服务，拥挤喧闹的挑选和付款过程，使得越来越多的消费者都不买账了。因此，升级或改变包装，使相同的产品创造出另一个完全不同的市场，价值也会随之不同。

道具四：品牌

提升公司和产品的品牌价值，并不是老生常谈，因为产品的部分溢价就来源于品牌本身的价值当中。品牌永远是对价值的承诺，人们也愿意相信优秀品牌的价值承诺，所以品牌是实现高值高价的关键。

海尔集团非常重视品牌塑造，同时也非常重视依靠品牌来获取高于行业平均水平的利润。在国内家电企业中，海尔产品的价格一般要比其他企业的同类产品高

10%～30%，这就是海尔一贯倡导的“高质高价”策略。

我国有很多产品都是高质低价，明明在质量和功用上不比国际名牌差，但消费者却不能接受和国际名牌一样的价格，这就是品牌上的差距。

定价与品牌也会有“鸡生蛋、蛋生鸡”的关系。一方面，越是名牌，定价越高；另一方面，如果一种产品定价高，给人的印象就是品牌好。当消费者面对几种不熟悉的品牌时，定价高的那种产品往往会被认为是“名牌”。

道具五：稀缺

15 年前，一家叫“第一年”的美国玩具公司从中国订购了两万多只橡胶玩具，就是那种能让小孩子在浴盆里多待五分钟的卡通玩具，这其中有一万多只黄色的鸭子。在运往美国的途中，货船遇到风暴，这些玩具鸭子都掉到海里去了。15 年来，玩具鸭子随着洋流到处漂，如今已经从太平洋跑到大西洋，登陆美国东海岸。

这本来是公司的一大损失，然而这家公司却宣布：不论谁捡到了这些鸭子，都愿意以每只 50 美元的价格回购。结果这些“横渡过太平洋”的鸭子成为收藏的对象，在网上的身价竟然飙升到每只1000英镑！看来，“第一年”玩具公司打算回购那一万只玩具鸭子的50万美元预算是花不出去了。

玩具鸭子并不值钱，也不稀罕，可是“第一年”玩具公司人为地制造了一种稀缺的价值感，他们没花一分钱，就已经全球闻名了，同时玩具鸭子的价格也在飙升，实在是聪明啊！

你的产品不是古董字画，并不稀缺。事实上，在这个商品极大丰富的买方大市场里，没有多少产品是真正稀缺的，你想要提价，就要通过商业策划导演一出“戏”，人为地制造稀缺！

第四节
修炼价格表达的艺术

在日常生活中，同一种思想会因为语调语气和表达方式的不同，给人以完全不同的意思。其实，价格和语言一样，也有自己的表达方式，我们也要掌握价格表达的艺术。

同样的产品、同样的价值、同样的价格，运用不同的价格表示方式，顾客心理上的感受也会大相径庭。作为企业家，你想卖高价高利润的产品，当然希望顾客不会被你的高价吓跑，所以你要学会正确的价格表达方法，让顾客心理感受到的价格并没有实际那么高。

1. 价格分割

这是一种心理策略，能造成顾客心理上的价格便宜感。例如，茶叶每公斤 100 元，但是你要说成每 50 克 5 元。巴黎地铁广告公司的宣传语是：只需付 30 法郎，就有 200 万旅客能看到您的广告。保险公司以天为单位计算保险费，避免以年为单位的巨大数字；报社用“每天少抽一支烟，订一份报纸”做广告；而在电器销售的过程中，也可用“一晚一度电”这样简短的表述，引发消费者共鸣。

2. 产品分割

通常情况下，消费者对价格的敏感程度超过了对商品重量的敏感程度，我们就可以利用这种心理，推出多

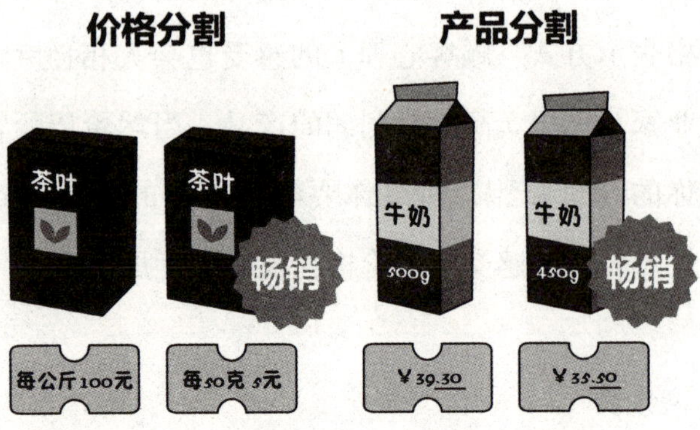

图 5－2　价格分割与产品分割的方法

种规格、多种价格的商品，其中一种规格的产品肯定会非常畅销。例如，某企业的奶粉有两种规格，一种是500克装，定价39.30元，另一种是450克装，定价35.50元，结果后者的销量好于前者。但实际上，后者的单位价格还略高一些。

3. 避免“附加收费”

在选购商品时，消费者永远喜欢看到“免费”“折扣”“赠送”这样的字眼，这些字眼会让他们眼前一亮，所以努力给顾客一个惊喜的价格表达，是非常有效的。例如，一位旅客在选择度假酒店时，有两个酒店的报价呈现在他眼前：

A 酒店房价250元另加10%的单人附加收费；

B 酒店房价300元减去提前预定获得的25元折扣。

两种报价的费用都是275元，但顾客把折扣理解为“得到”，附加收费就是“损失”，所以往往选择后者。

4. 尽量别用现金

在对影剧院缺席率的研究中发现，使用信用卡和网络支付的观众缺席率比用现金购票的顾客高 10 倍。事实证明，顾客用信用卡支付、网络支付和现金支付，消费感觉是不一样的，消费者对成本的意识完全不同。使用信用卡支付的顾客成本意识比较低，对成本漠视比较大，而用现金支付的顾客成本意识比较强，所以购买力会受到影响。如果可以使用信用卡或者网络支付的话，尽量请顾客用信用卡或者网络支付，不要让他花现金。

另外，现金交易产生的点钞动作，如交钱、收钱、数钱、找钱等交易的步骤越多，带给消费者的印象越深刻。信用卡消费只需简单输入密码，在移动支付端甚至只需要动一动手指，刷一下指纹，在不远的将来可能只需要刷一下人脸。所以顾客对于现金交易的记忆会更深，却记不住刷卡的具体数字，这样就增加了购买产品的欲望。

5. 分期付款

研究显示，当消费者在缴付分期付款时，他们对每个月支付费用的高低比较敏感，对缴费月份的多少则不是很关注。如每个月支付 10000 元，共缴 30 个月，与每个月支付 15000 元，共缴 20 个月，其实总数没有差别，但是消费者对第二种情况产生的抵触情绪较大，因为每个月支付的金额较高。特别是对于一些价格比较高的产品，比如房屋、汽车等，一般都采用这种方式。

定价早知道

顾客对不同价格表现方式的认知

表 5-1　价格标示与顾客认知的关系

价格标示	顾客认知
20 元	这是常规的价格
19. 99 元	这是廉价商品
促销价只需 20 元	我可以买到促销价，太好了
要价 20 元，节约 5 元	我能省点钱
原价 25 元，现价 20 元	价格已经降了
20 元（已经降价 35%）	降价幅度较大
我们的价格是 20 元	这个价格比竞争对手低

（续表）

价格标示	顾客认知
20元，折扣5元	最好今天就买，别过了打折期
手写的价格标牌	他们刚降了价
印刷体的价格标牌	常规价

第五节
祭出你的价格大旗

好药不便宜

1983 年，葛兰素推出了一种抗癌新药 A，推出前市场上已经有一个竞争产品 B，而且其在市场上已经是领导品牌了。

在定价过程中，因为竞争品牌 B 已经有很大知名度和市场占有率，所以在推出抗癌新药 A 时，研究人员首先考虑的是价格低于 B。但是仔细研究后发现：第一，B 的服用方式是每天四次，服用量很大，而 A 每天只服用两次，很方便，这种方便的价值要计算出来。第二，剂量小意味着功效大，针对性强。第三，药物服用的剂量小，副作用也小。

基于这些价值，葛兰素没有定低价，而是定价比 B

高50%，这个定价非常成功。新药A上市后，当年利润达到了6.5亿英镑。新药成功的关键在于它给消费者一个成功的暗示——这是更好的药，而消费者希望买到更好的药，而不是便宜的药。因此，价格高50%，没有让人感到不合理。

大多数产品的价格和销量成反比，但也有许多例外，价格越高，销量越大。这时候，你不要犹豫，要勇敢祭出你的价格大旗！

以婴幼儿产品为例，多数父母都希望自己的孩子得到最好的，所以总是乐于购买最好的牌子、最贵的产品，无论奶粉、尿布、奶嘴、服装、玩具，无不如此。

在高级餐厅消费的人，多数是为了应酬请客，当然是价格越贵越能表现出待客的诚意，所以高级餐厅的价格只能高，不能低。

在奢侈品的购买人群中，有一部分人的购买目的就是为了彰显自己的身份，如果变得便宜了，大家都买得起，反而无法满足他们的购买欲望。

其实，理直气壮地定高价不只限于以上几种行业的产品，随着消费者对生活品质的追求，对档次的看重，对个性化、创新的内在要求，你只要满足了他们的这种心理，就会有底气提价、再提价！

定价早知道

理直气壮定高价的理由

（1）商品与众不同，通过独特的价值塑造，将普通的商品变得不同。

（2）功能卓越，产品必须有某一方面的过人之处。

（3）产品供应具有可靠性、稳定性、持续性。

（4）针对某一类细分人群，拥有高价值客户。

第六节
降低顾客的价格敏感度

一般情况下，当价格上涨时，愿意购买的人就会减少，仍然坚持购买的顾客也会减少购买的数量和频率；当价格降低时，更多的购买者进入市场，购买的频率也会上升，经济学上把这种关系称作价格需求弹性。

E = 单位销量变量百分比 / 价格变量百分比

计算结果有三种情况：

（1）当 $E>1$ 时，即价格变动率小于需求量变动率时，此产品富于需求弹性，或称为弹性大；

（2）当 $E=1$ 时，即价格变动率同需求量变动率一致，此产品具有一般的需求弹性；

（3）当 $E<1$ 时，即价格变动率大于需求量变动率

时，此产品缺乏需求弹性或者需求弹性小。

不同的商品具有不同的价格弹性。麦肯锡公司曾对价格弹性做了大量的实际调查，低价格弹性区间的产品包括美容产品、金融产品等，在这个弹性区间内制定一个更高的价格，将会创造更多的利润。

不同的顾客具有不同的价格敏感度，同一顾客在不同条件下，对相同商品也具有不同的价格敏感度。管理大师德鲁克在《成效管理》中讲到：家庭主妇在买食品和口红时，行为判若两人，为了全家的饮食，主妇们每周要购买食物，会有很强的价格意识，但是有谁会以同

样方法购买口红呢？针对完全不同的两种角色，以不同的标准去判断商品，这才是消费者的合理表现。

降低价格敏感度的几种方法

不管在哪种场合下，如果价格弹性比较大，提价都会遇到麻烦，就很难给商品定高价。当然，降低顾客的价格敏感度还是有方法可循的。

（1）给出参考价格。顾客的支付意愿会受到同类产品价格的影响，过去的购买经验也能指引消费者去判断价格是否合理。让销售人员先提供一些较高价格的产品，然后再拿出较便宜的产品，拿出你真正想卖的、真正反映市场价值的产品，消费者对这款产品的价格敏感度就会降低，因为他们已经把前面的那些高价商品作为参考价格。

（2）增加对比难度。顾客在购买商品时，总是要和其他同类产品做比较，但是如果产品或服务的价值难以相互比较，比如法律服务，那么顾客的价格敏感度就会降低。你可以运用分别扣税、额外收费、加收货运以及管理费用等“障眼法”，使价格界限模糊而难以比较，让你的产品与低价产品做对比的难度增加。

（3）提高转换成本。转换成本可能由售后服务、产品培训、存货管理、专利、兼容升级等项目组成，通过分析和开发这些转换成本，制定转换壁垒，让顾客意识到改变供应来源的困难性、不稳定性和潜在风险，将有助于消除顾客对价格敏感度的认识。

（4）利用终端优势。当顾客花了一大笔钱购买一件商品时，他对这件商品的一些附带品和附带服务的价格就不太敏感了。比如一个顾客花了一大笔钱购买了一部保时捷，在填写订单时，销售人员问他要不要配备真皮座椅，与整辆车的巨大花销来说，两三万元的真皮座椅看起来并不多，顾客爽快地答应了。

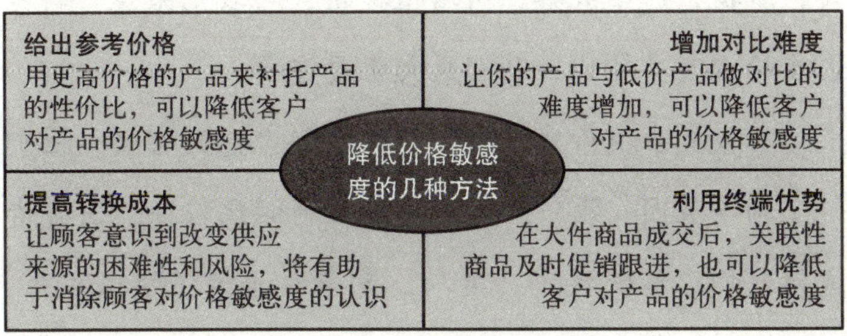

图5－3　降低价格敏感度的方法

第六章　六步定价法

风驰是如何定价的

2004 年，我在风驰集团兼任 CEO，我们下属有 16 家公司，几乎每一个地区的分公司都是行业第一名。当时，我提出一个战略，叫增值提价，对我们来说，与抢占市场占有率相比，利润最大化更重要。

当我提出提价建议时，总经理们都感到害怕，他们说了两条原因：第一，我们的行业利润比较高，消费者觉得我们已经赚钱了。第二，竞争对手为了快速扩张，进行破坏性定价，打算用降价获得市场。

那时候，竞争对手们确实在降价，我如果跟着降下去，就意味着打价格战，价格战一旦出现，整个行业就没有赢家。所以，我告诉所有人，我们不打价格战，我们必须打价值战，我们要和他们之间拉开距离，让消费者认识到我们更有价值，而且我们不降价，反而要提价！

第一步，我们进行了产品创新，开发出一系列新产品，在设计创意和新材料运用上下功夫，增强产品的内在价值。

第二步，我们把产品价值计算出来，让客户清楚自己将得到哪些价值。客户在做广告之前的销量是多少？做广告之后销量增加了多少？他们的利润回报率有多高？我们做了大量的客户见证，给客户参考。同时我们对竞争对手进行分析，对比竞争对手的价值。

第三步，我们把目标客户重新分类，分成A类大鲸鱼客户、B类海豚客户、C类鲨鱼客户和D类小鱼客户。在此基础之上我们推出了量身定制的产品，瞄准高端客户，把最好的员工、最好的资源、最好的技术、最好的设备全部聚焦在最优质的客户身上，推行大客户战略。

第四步，我们把产品分类，分成A、B、C、D四个等级，实行差异化定价。

当然，我们在营销战略上也进行了调整。

首先，我们组织员工培训。先对分公司总经理进行培训，之后是营销副总、财务总监、定价专员，明确告诉他们，怎样认识产品价值、怎样定价、怎样避免定价的误区、怎样让客户转变认识。

其次，改变组织模式。我们成立定价委员会，由总经理挂帅，所有分公司的定价要报到集团总部，由定价委员会进行审核，降价必须要严格审批。

再次，我改变了绩效机制。从按销售收入提成改为按毛利提成，因为提价以后产品的毛利更高，员工对提价也更有积极性。

最后，在定价上设立奖惩机制。每个月我们拿出一部分额外利润，给定价委员会与绩效匹配的奖励，以表彰他们所做的努力。

结果，我们的年度利润完成了预期的115%，当年我们被评为中国最赚钱的广告公司之一，也被评为年度中国广告业最具影响力的公司之一。

结合全书的论述，确定最好的定价是一个完整的流程体系，即六步定价法。

第一步，决定战略

你的某件产品是想实现利润最大化，还是想抢占市场占有率，或者是想打击竞争对手，这是产品的战略出发点，战略不同，定价完全不同。比如说，你的企业推出一个新产品，这个产品不是你的主营产品，我们叫做“斗士产品”，就是专门针对竞争对手的价格，故意定得比对手低，同时也为了保持原有的市场占有率，保证自己的品牌价值。中国移动的神州行套餐就是一个“斗士产品”，非常低的起步价格，专门与中国联通等竞争对手拼抢市场，很多企业都这样做。

第二步，锁定客户

客户的需求是什么？价值取向是什么？客户的价格敏感度如何？你锁定高端、中端还是低端客户？都要先弄清楚。在明确了营销目标以后，我们有必要了解客户的要求，因为是他们决定了产品的定价正确与否，尽管他们的要求并不是一成不变的，但是我们必须要了解他们现在需要什么。我们经常会得到销售人员的反馈，说产品价格不好、质量不好等，但是仔细分析一下，其实可能是我们把目标客户群搞错了，可能我们花了大量时间与客户沟通，但是这部分人并不是我们的目标客户，他们需要的并不是这部分产品。因此，我们要经常问自己，谁是我们的客户？我们要找什么样的客户？

第三步，确定产品

虽然我们不提倡按成本定价，但必须了解产品的成本是多少，这将为企业划定产品的底价。企业定价时，如果不能覆盖生产、销售和管理等方面的成本，就可能亏本。如果你追求规模化定价，那你的产能必须很大，能够达到盈亏平衡。如果你锁定高端客户，那你的专业化程度要很高，对技术、服务品质的要求要高，这样的话，你才能做好成本匹配和资源匹配。

第四步，竞争分析

竞争环境、竞争对手、竞争策略都关系到定价。多数情况下，市场上并非我们一家公司，我们必须了解谁是竞争对手，了解对方的战略是什么，优势是什么，还应该了解他们的成本、价格，以及可能对我们的定价做出的反应。如果我们采取高价战略，那么其他竞争对手也有可能陆续进入这个细分市场；如果采用低价战略，可能会有效阻止竞争对手进入，或者把他们淘汰出局，但是你也要付出代价。因此，定价前应该对市场上竞争对手的产品价格、质量和性能特点全面了解，并以此为基础对自身产品定位，才能使价格更有针对性和竞争力。

第五步，选择策略

在遵循价值定价的基础上，我们要配合使用差异化定价、特价品定价、折扣定价、小数点定价等多种定价策略的组合，让你的商品价格能真实反映价值，反映千差万别的人群对商品的感受，对不断变化的市场作出快速反应。

第六步，精确报价

在分析各种因素、综合使用各种定价方法之后，由定价委员会给出一个精确的报价。你要成立由财务、销售和市场部门共同组成的定价委员会，再结合我们的战略、客户、成本资源匹配、竞争环境等因素，最后定出精确的价格，并不断进行价格追踪，使价格不断适应市场变化，贴近客户的价值理解。

这是一个完整的过程，也是成功的六步定价法，它有助于你实现完美定价，有助于你达到利润最大化，并一步步实现公司的价值，成就员工的梦想。可以肯定地说，成功的定价需要企业家成为一个价值专家，一个懂得价值计算、价值表达、价值塑造的专家。

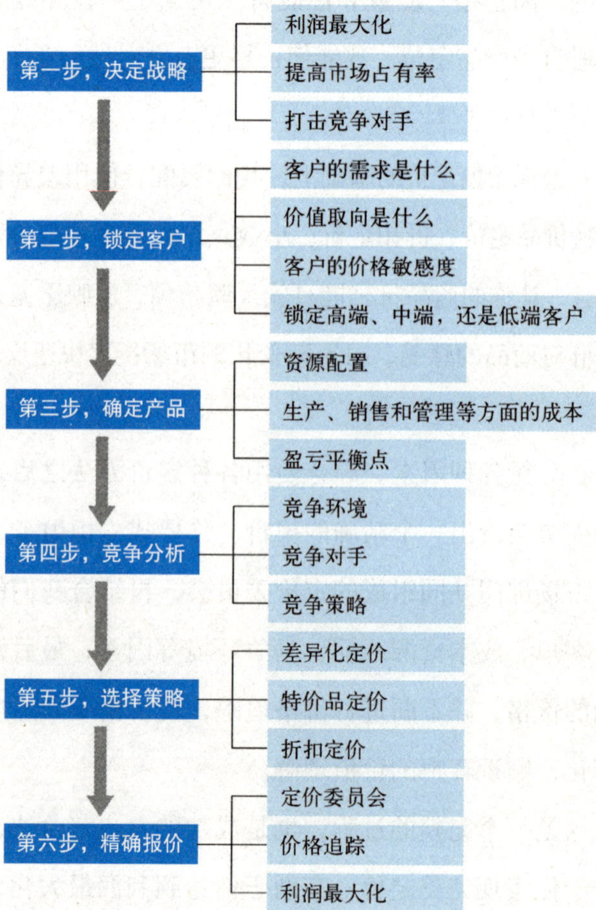

图6-1　六步定价法示意图

结　　语

关于定价定天下的经验，我给大家的分享就结束了，最后归纳总结一下本书的六个重点：

第一，定价定天下

定价是来自于杠杆的力量，来自于我们的战略、客户、竞争、产品，来自于我们的核心竞争力，所以一个简单的定价可以改变我们的成长发展。

第二，定价的六大失误

在定价过程中，企业家的失误在哪里？成本定价、薄利多销、参考竞争对手、一物一价、草率定价以及没有塑造价值，这些失误让我们的利润白白流失，甚至会让我们的企业面临亏损。

第三，看消费者的习惯是什么

消费者怎样看待价格？高价等于高质，低价等于低质，高贵等于珍贵；消费者不是买便宜，而是为了占便宜；消费者是追高杀跌，你越低他越要杀价……这一切和我们传统的定价思维是完全对立的。

第四，错误定价的四大罪

这四大罪来自于哪里？成本定价、目标利润定价、需求导向定价、竞争对手定价，这些方法都比较单一片面，真正的定价模式来源于四个关键要素——战略、客户、产品和竞争。

第五，定价委员会与八大定价策略

定价委员会就是要专门针对定价这项工作搭班子，需要董事长牵头，以及财务总监 CFO、营销总监 CMO、运营总监 COO 和报价专员的参与。四大定价法则指的是定标、定位、定价、定品，定标指的是企业发展的目标，要随时进行对标；定位包含了“卡位”和“占位”两个关键点。八大定价策略指的是定价的八种具体方法，包括价值定价、差异化定价、目标客户定价、小数点定价、高开低走定价、特价品定价、折扣定价、规模化定价。

第六，六步定价法

首先是从战略开始，然后精准地判断目标客户，接着再看成本、看竞争环境，然后由定价委员会做决策，针对不同的产品来定价和报价，最后还要优化、追踪、不断地改进，这才是一个完整的定价流程。

有正确的定价，我们才会有更高的利润；有正确的定价，我们才会赢得天下，赢得人心。

我想给企业家的建议是：企业家要大气，不能满足于低端和低档、低价和微利，不要总把廉价作为竞争力和竞争手段，也不要只把眼光放在眼前的几个竞争对手上，尽量不要打价格战，避免内斗，要精心打磨产品、塑造价值，运用好定价武器，创造出更高的利润。

不管是大企业还是中小企业，我们都应该把战略重点、把更多精力放在价值挖掘、价值创新、价值诉求、价值传递、技术改良、品牌塑造、服务提升上面，开辟价值的蓝海。这样，我们的企业才能壮大，才能真正成长，才能为员工、为社会、为国家创造更多的价值，我们的民族才能更强大。价值回归，走高附加值的经营之路，这是历史的必然！